*trans*LIT 2015
—
MARCEL BEYER

HERAUSGEGEBEN VON TORSTEN HAHN UND CHRISTOF HAMANN

VERLAG *der Buchhandlung Klaus Bittner*

6 VORWORT

13 **MARCEL BEYER** DIE SPRACHE, DIE FREMDE

49 **MARCEL BEYER IM GESPRÄCH MIT DER COMICZEICHNERIN ULLI LUST**
ROMAN IN SPRECHBLASEN

83 **MARCEL BEYER IM GESPRÄCH MIT DEM KOMPONISTEN ENNO POPPE**
DIE TÖNE ALS MATERIAL

113 **MARCEL BEYER IM GESPRÄCH MIT DER HÖRSPIELREGISSEURIN IRIS DRÖGEKAMP**
TEXT FÜR DAS RADIO

137 **DIE NOTWENDIGE LEKTÜRE.** ZUR SPRACHE UND POLITIK DER LITERATUR IM WERK MARCEL BEYERS
MAXIMILIAN MENGERINGHAUS

156 ZU DEN BEITRÄGERINNEN UND BEITRÄGERN
159 IMPRESSUM

VORWORT

Medientransformationen und -umbrüche sind alles andere als trivial. Hören bedeutet gerade nicht, auch wenn der Hörbuch-Marktführer *audible* diese Behauptung all seinen Produktionen voranstellt, »clever lesen, einfach Zeit sparen!«. Solches zu verbreiten, bedeutet, Medien nicht einmal zu ignorieren und Einsichten zu unterlaufen, die schon zu Beginn des Spannungsverhältnisses von Literatur und Rundfunk in den 1920er Jahren formuliert wurden. So hatte Alfred Döblin bereits 1929, anlässlich der Frage nach einer möglichen »Rundfunk-Epik«, angemerkt: »Unser heutiger Roman ist mit von der Buchform erzeugt. [...] Der heutige Roman ist ein Buchroman, und für ihn ist der mündliche Vortrag ein Fehler. Die heutigen epischen Werke vom Don Quichote bis zum Hintertreppenroman würden am mündlichen Vortrag zugrunde gehen, denn er verstößt gegen die Grundintention und damit die Natur dieser Werke.«[1] Das Medium, so darf man Döblin wohl verstehen, ist Ko-Autor jedes literarischen Werks. Dessen Nachricht ist wiederum das Medium plus einer, gemessen an der ›Grundintention‹, nebensächlichen Aussageabsicht. Literatur ist zunächst einmal ein Produkt der *Gutenberg-Galaxis;* der Druck ist die Matrix, die das Werk hervorbringt. Da das Medium so immer schon, vor allem anderen, in das literarische Werk eingeschrieben ist, stellt sich die Frage nach den Gewinnen und Verlusten, die ein Medienwechsel mit sich bringt, aber auch nach den kreativen Möglichkeiten, die ein ›Intentionswechsel‹ eröffnet.

Es sind Fragen wie diese, denen in der Veranstaltungsreihe TransLit nachgegangen wird. TransLit ist eine neue Poetikdozentur, die seit dem Wintersemester 2015/16 einmal jährlich am Institut für deutsche Sprache und Literatur I der Universität zu Köln durchgeführt wird. Sie unterscheidet sich in ihrer Zielsetzung deutlich von den inzwischen landesweit üblichen Poetikdozenturen, die Gegenwartsautorinnen und -autoren, ihr aktuelles Werk sowie ihre poetologischen Überlegungen in Vorlesungsreihen präsentieren. Denn dem Kölner Projekt ist primär an transliterarischen Verfahren gelegen. Üblicherweise bezeichnet der Begriff ›Translit‹ bekanntlich die Übersetzung kyrillischer Lettern in das lateinische Alphabet, d. h. es geht um Fragen der Um- bzw. Recodierung. Uns geht es darum zu diskutieren, wie alphabetisch formierte Kunst – eben Literatur – in ein anderes spezifisch codiertes Medium, sei dieses nun visuell oder akustisch, übersetzt wird. Das Kölner Projekt fragt also nach einem Spezifikum des literarischen Lebens der Gegenwart. Unter dem Stichwort ›Literatur im medialen Wandel‹ (TransLit) verfolgt es im Rahmen unterschiedlicher Veranstaltungstypen das Ziel, solche AutorInnen, aber auch Theater- und OpernregisseurInnen, Filmschaffende, MuseumskuratorInnen u. a. m., für die Dozentur zu gewinnen, deren literarische Texte Eingang in andere mediale Formen gefunden haben bzw. deren Arbeit verschiedenen Adaptationsformen von vormoderner und moderner Literatur in Text und Bild, auf der Bühne, in digitalen Medien oder im Film gilt. Die Dozentur soll Gelegenheit geben, im direkten, persönlichen Austausch mit den Eingeladenen die vielfältigen Prinzipien medialer Adaptation von literarischen Texten kennenzulernen. Durch die konsequente Auswahl der Gäste, die sich dadurch auszeichnen, dass ihre Arbeiten für Formen und Möglichkeiten einer (inter)medialen Transformation von Literatur einstehen, erhält die Dozentur ein im bundesweiten Vergleich einmaliges Profil.

Für die erste TransLit-Professur konnte einer der renommiertesten Autoren der deutschsprachigen Gegenwartsliteratur, Marcel Beyer, der Büchner-Preisträger des Jahres 2016, gewonnen werden. In seinen schriftstellerischen Arbeiten verhandelt er das Verhältnis des Mediums der Schrift zu Hör- bzw. Bildmedien äußerst produktiv. Bereits in *Das Menschenfleisch,* seinem 1991 veröffentlichten vielbeachteten Prosadebüt verfährt der Autor, wie es in einem Aufsatz über diesen Roman heißt, »wie ein typischer DJ der neunziger Jahre, der all die Tracks aufführt, die er für seine Aufnahme gesampelt hat«[2]. Beyer selbst hat diese Form der Textgewinnung als »parasitäres Schreiben«[3] bezeichnet, als ein Schreiben, »das sich an den Schnittstellen von Gesprächen, Texten, Songs und Filmen bewegt«[4].

Medien sind aber nicht nur formgebend. Sie sind auch thematisch zentral. Was Thomas Kling über das Gedicht der Gegenwart als Sprachinstallation gesagt hat, dass hier die »Einbeziehung aller existierenden Medien«[5] gefragt ist, das lässt sich auf das Werk Beyers insgesamt applizieren. Seine Romane *Flughunde* (1995), *Spione* (2000) und *Kaltenburg* (2008) können, wie Peer Trilcke dies in seiner Einführung zu Beyers *Lichtenberg-Poetikvorlesung* (2014) getan hat, »Meditationen über die Medialität der menschlichen Stimme, die Medialität von Fotos, die Medialität der Erinnerung«[6] genannt werden. An dieser Stelle sei nur kurz an eine Figur aus Beyers Romankosmos erinnert, Hermann Karnau, den Tontechniker und »Stimmstehler«[7] aus Beyers in viele Sprachen übersetzten Roman *Flughunde*. Er hat es sich zum Ziel gesetzt, eine »Karte«[8] aller menschlichen Laute und Stimmfärbungen zu erstellen, indem er sie auf Schallplatte oder Tonband bannt, und schreckt bei der Durchführung dieses pseudowissenschaftlichen Projekts vor makabren und letztendlich äußerst brutalen Menschenversuchen im Dienste des Nationalsozialismus nicht zurück. Nicht nur Karnau aber scheitert mit seinen Bemühungen, das flüchtige Medium der Stimme zu kartographieren. Der Roman insgesamt führt vor, wie sehr gespeicherte Stimmen der Interpretation bedürfen und wie somit eine Rekonstruktion von Vergangenheit, die stets durch Medien vermittelt ist, notwendigerweise unzuverlässig bleiben muss.[9]

Gleichermaßen präsent wie in den Romanen sind Medien auch in Beyers Essays, Preisreden und Poetikvorlesungen, so auch in seiner hier abgedruckten, u. a. das Mediale in Gedichten Friederike Mayröckers erkundenden Rede *Die Sprache, die Fremde*, sowie in seiner Lyrik. Zwar lässt sich zurecht, wie Maximilian Mengeringhaus in seinen Überlegungen zum lyrischen Werk Beyers zeigt, der Fokus auf Beyer als Leser von Schrift-Texten legen, doch von Bedeutung sind ebenso die Thematisierung anderer Medien, z. B. von Funk wie in *Verklirrter Herbst*[10], von Fernsehen wie in *Der westdeutsche Tierfilm*[11] oder von Bild- bzw. Tonmaterial wie in *An die Vermummten*[12].

Darüber hinaus findet ein intensiver Transfer der literarischen Werke Beyers in andere Medien statt – und Gespräche darüber bilden abgesehen von der Poetikvorlesung den zweiten Schwerpunkt dieser Dokumentation. *TransLit* ist, wie gesagt, der Diskussion des kreativen Potentials von Medienumbrüchen sowie den Verfahren der Übersetzung von Medien in Medien gewidmet: Mit Ulli Lust spricht Marcel Beyer über Bezüge zwischen seinem

Roman *Flughunde* und Lusts gleichnamiger, 2013 erschienener Graphic Novel im Besonderen sowie über das Verhältnis von Wort und Bild im Allgemeinen. Mit Iris Drögekamp lotet er aus, wie in der Hörspieladaption von *Flughunde* (2013) Töne und Stimmen den Roman zu einem neuen Erlebnis machen und wie in gemeinsamer Arbeit das Hörspiel *Birding Babylon* entstanden ist. Letzteres geht zurück auf *Birding Babylon. A Soldier's Journal from Iraq* (2006) des leidenschaftlichen Vogelbeobachters Jonathan Trouern-Trend, der, Mitglied einer US-amerikanischen Sanitätseinheit, 2004 in den Irak abkommandiert wird. Das Tagebuch ist, versehen mit einem Vorwort von Marcel Beyer, 2009 auf Deutsch erschienen. Das Gespräch mit Enno Poppe dreht sich um die produktive Zusammenarbeit von Komponist und Schriftsteller, über das schwierige Wunderbare, aus Worten und Musik ein Kunstwerk zu schaffen. Die beiden Künstler arbeiten seit mehr als zwölf Jahren eng zusammen. In dieser Zeit hat Marcel Beyer u. a. drei Libretti für die drei gemeinsamen Opernproduktionen verfasst. Das erste gemeinsame Projekt ist *Interzone*, Lieder und Bilder für Stimmen, Video und Ensemble, Texte von Marcel Beyer mit William S. Burroughs (Uraufführung 2004). Das zweite gemeinsame große Bühnenprojekt ist *Arbeit Nahrung Wohnung,* Bühnenmusik für 14 Herren (Uraufführung 2008). Die jüngste gemeinsame Produktion ist *IQ,* Testbatterie in acht Akten (Uraufführung 2012).

Die vorliegende Dokumentation enthält den Poetikvortrag Marcel Beyers und die drei redigierten Gespräche. Sie schließt mit der überarbeiteten und um Fußnoten ergänzten Einführung in das Werk Marcel Beyers von Maximilian Mengeringhaus, die er am ersten Abend von Beyers TransLit-Professur vorgetragen hat und die insofern mit Beyers Poetikvortrag korrespondiert, als hier wie dort die Offenheit lyrischen Sprechens reflektiert wird. Mit dem Erscheinen der Dokumentation wird zugleich auch die zweite TransLit-Professur im Herbst 2016 angekündigt, welche die Büchner-Preisträgerin des Jahres 2012, Felicitas Hoppe, innehaben wird.

KÖLN, IM MAI 2016

TORSTEN HAHN / CHRISTOF HAMANN

---

[1] Alfred Döblin: Literatur und Rundfunk. In: Ders.: Schriften zu Ästhetik, Politik und Literatur. Frankfurt/M.: S. Fischer 2013, S. 252–261, hier S. 258.

[2] Achim Geisenhanslüke: Parasitäres Schreiben. Literatur, Pop und Kritik bei Marcel Beyers Roman ›Flughunde‹. In: Thomas Wegmann und Norbert Christian Wolf (Hg.): »High« und »Low«. Zur Interferenz von Hoch- und Populärkultur in der Gegenwartsliteratur. Berlin: De Gruyter 2012, S. 83–95, hier S. 87.

[3] Marcel Beyer: Das Menschenfleisch. Roman. Frankfurt/M.: Suhrkamp 1997, S. 159.

[4] Achim Geisenhanslüke: Parasitäres Schreiben, S. 87.

[5] Thomas Kling: Itinerar. Frankfurt/M.: Suhrkamp 1997, S. 15.

[6] Peer Trilcke: Marcel Beyer, Poet. In: http://www.peertrilcke.de/lichtenberg-poetikvorlesungen-2014-marcel-beyer-einleitung/, aufgerufen am 29.5.2016.

[7] Marcel Beyer: Flughunde. Roman. Mit einem Kommentar von Christian Klein. Frankfurt/M.: Suhrkamp 2012, S. 111.

[8] Ebd., S. 27.

[9] Vgl. zur Thematisierung und Reflexion von Medien in den Romanen Beyers insgesamt Eleni Georgopoulou: Abwesende Anwesenheit. Erinnerung und Medialität in Marcel Beyers Romantrilogie ›Flughunde‹, ›Spione‹ und ›Kaltenburg‹. Würzburg: Königshausen & Neumann 2012.

[10] Marcel Beyer: Verklirrter Herbst. In: Ders.: Falsches Futter. Gedichte. Frankfurt/M.: Suhrkamp 2005, S. 27.

[11] Marcel Beyer: Der westdeutsche Tierfilm. In: Ders.: Erdkunde. Gedichte. Köln: Dumont 2002, S. 95–100.

[12] Marcel Beyer: An die Vermummten. In: Ders.: Graphit. Gedichte. Berlin: Suhrkamp 2014, S. 154f.

MARCEL BEYER DIE SPRACHE, DIE FREMDE
TRANSLIT-VORTRAG, KÖLN, 27. OKTOBER 2015

I

Magdeburg kenne ich nicht. Weil aber der Zug auf der Strecke zwischen Leipzig und Braunschweig in Magdeburg die Fahrtrichtung wechselt, bietet sich mir hier häufig Gelegenheit, eine Zigarette zu rauchen. Meist stehen auf dem Bahnsteig außer mir nur die wie ich rauchenden Zugbegleiter. Zu sehen gibt es nichts. Der grobe, rissige Betonboden, das Eisengeländer, unterhalb der Gleisanlage die Zufahrt über den Platz der Volkssolidarität, nein, über den – ausgerechnet – Kölner Platz und der Nordeingang, rechts das Bahnhofsgebäude, irgendwo im Hintergrund die Stadt. Und irgendwo in dieser Stadt ein Leichenschauhaus, in dem der Schlagzeuger und Sitarspieler Collin Walcott gelegen haben wird, nachdem er am 8. November 1984 mit dem Tourbus auf der Transitautobahn bei dichtem Nebel in einen querstehenden LKW gerast war – was für ein deprimierendes Ende, was für ein langer Weg von den Columbia Studios an der Ecke 47 East und 52nd Street in Manhattan, wo Walcott im Juni 1972 mit Miles Davis das bis heute äußerst kantige und von Jazzhörern als lärmig und strukturarm geschmähte Album *On the Corner* aufgenommen hatte.

Mehr weiß ich nicht von Magdeburg. Während sich das kaum eine Zugstunde und mehrere Welten entfernte Braunschweig in den achtziger Jahren auf sein Stadtmarketing der dreißiger Jahre besann und den Reisenden am Bahnsteig seitdem wieder mit »Stadt Heinrichs des Löwen – Braunschweig Hbf«

empfängt, würde es mich nicht weiter wundern, begrüßte man hier den Ankommenden mit dem Schriftzug »Magdeburg Hbf – Hic sunt leones«.

Sobald die Zugbegleiter ihre Zigaretten ausdrücken, steige ich wieder ein, und bald liegt die Stadt hinter uns.

Sehe ich aber einmal Einheimische auf dem Bahnsteig, handelt es sich jedes Mal um die auf beunruhigende Weise verrücktesten Typen, die ich auf meinen Reisen zu Gesicht bekomme – Männer zwischen dreißig und vierzig, nach sachsen-anhaltinischem Maßstab, schätze ich, Stinos, Magdeburger Durchschnittsbürger, doch auf mich wirken insbesondere ihre Modevorlieben außergewöhnlich, nämlich bei näherer Betrachtung zugleich wahnsinnig albern und bedrückend. In Magdeburg gehört offenbar, zumindest unter Männern, zumindest unter Männern, die sich ab und zu auf den Bahnsteigen des Hauptbahnhofs aufhalten, zur Herrenmode das eindeutige, offensive weltanschauliche Bekenntnis.

Soviel begreife ich – auch wenn ich das Bekenntnis selbst kaum je einordnen kann. Der junge Mann mit narbigem Gesicht, der am 22. Januar 2015 in grauer Jogginghose mit der Aufschrift »Pro Violence« dem Ausgang entgegenfedert, ist da noch leicht zu entziffern: Bei »Pro Violence« handelt es sich um eine Magdeburger Naziklamottenmarke. Der andere, der am selben Tag von Magdeburg bis Köthen im Zug vor seinem Laptop hockt und – außer mir sitzt niemand sonst im Großraumwagen – den professionellen Schnösel gibt, macht es dem Leser seines T-Shirts schon schwerer: »Paradise Porn Casting Mallorca« lautet der Aufdruck auf der Brust.

Ja, es gibt die Disco Paradies Beach am Anfang der Schinkenstraße in Palma de Mallorca, und ja, die Sexdarbietungen dort ziehen das deutsche Ferienpublikum an – warum aber steht auf dem T-Shirt »Paradise«, anstatt, für immer deutsch, und richtig: »Paradies«? Trägt hier jemand seine Englischkenntnisse zur Schau, oder im Gegenteil mangelnde Sprachsicherheit? Wie verankert sich jemand in der fließenden Welt, wenn er auf der Strecke zwischen Braunschweig und Köthen seinem Gegenüber deutsche Internationalität vorspielt?

Ich habe keine Ahnung. Ich weiß nur dies: Die Welt ist ein Schlachtfeld. Humor ein Mittel zur Einschüchterung. Es herrscht die völlige Unfähigkeit zu spielen. Unterkomplexität wird als Waffe eingesetzt.

Vollends ins Schwimmen gerate ich dann am 10. September 2015. Es ist warm, ich rauche in der Sonne, mit ein, zwei Blicken habe ich für heute vom Kölner Platz in Magdeburg genug gesehen, wende mich dem Intercity zu, der einen Eindruck macht, als hätte er damals schon auf der Transitstrecke seine Dienste geleistet, und sehe einen Mann, der offenbar seine Mutter zum Zug bringt. Sie steht in der offenen Waggontür, er reicht ihr das Gepäck an, die beiden unterhalten sich – was mag sie ihm zum Abschied sagen: »Lies deinen Odin, mein Sohn, lies die Fahrpläne«?

Er, hart an der Vierzig, trägt diese spezielle Art von Streetwear, wie man sie eigentlich nur anlegen kann, wenn man nach der Arbeit zu Hause auf dem Sofa sitzt, schleppt also seine Vorstellung von privater Gemütlichkeit demonstrativ durch den öffentlichen Raum: Die Welt ist mein Wohnzimmer – was hast gerade du in meinem Wohnzimmer zu suchen?

Auf der schwarzen Joggingjacke ein Schriftzug, dessen genauer Wortlaut, irgendetwas mit einem »schwarzen Raben«, mir nicht haften bleibt, weil – wie soll ich es nennen – die

Heckbeschriftung, der Bumper Sticker des guten Sohnes meinen stieren Blick auf sich zieht. Auf der linken Gesäßseite seiner Schlabberhose steht in weißen Buchstaben: »Total War«, und auf der rechten: »Is Coming«.

Ich bin verwirrt. Was ist er – Ultra? Gamer? Neuheide? Rosenstolzhörer? Ich kapituliere. Und wer, um alles in der Welt, kommt auf die Idee, sich den Hintern beflocken zu lassen?

»Verbale Mutproben gibt es jederzeit«, hat Hans Blumenberg einmal zu Ernst Jünger bemerkt. Hic sunt leones: Doch wer bin ich in dieser ganzen Geschichte?

Hilf Christ, daß wir solch Affen
Empfangen mögen recht.

heißt es in einem Flugblatt aus der Reformationszeit mit der Überschrift »Halt dich Magdeburg«, und:

In Magdeburg der Werthen,
Da sind der Kriegsleut viel,
Zu Fuß und auch zu Pferden,
Treiben sie Ritterspiel.

Magdeburg: Stadt der Gamer, Stadt der Krieger. TOTAL WAR IS COMING –

Schon fließt das Blut die Straße hin
Wo fliehn wir hin, wohin?

schreibt Goethe über Magdeburg, und Friederike Mayröcker, »Text mit Steinen«, in *Tod durch Musen*, 1966:

Frequenz-Stall bei Majakowski

o! Magdeburg

(Omnibus mit Zinnen; Pfennige; weisze Stern-Frau projektil-
 verschoben)

(beiseite: Steine blosz / teils zu kühlen Sprüchen . .)

II
Eine Schaltstelle zwischen Ober- und Unterwelt, hier, in der flachen Magdeburger Börde, wo niemand mehr zu sagen wüsste, was denn Oben und was Unten sei.

In Magdeburg vernehmen Volkspolizisten – Zeugen zufolge korrekt und sachlich – verstörte Jazzmusiker aus den USA, deren Kollegen nach einem Unfall auf der Transitautobahn schwerverletzt in die Klinik eingeliefert worden sind. In welcher Sprache, welchem Idiom?

Ob die drei Magdeburger Bahnhofsgestalten – PRO VIOLENCE und PARADISE PORN CASTING MALLORCA und TOTAL WAR IS COMING – mit ihren teils zu kühlen Sprüchen einander auf Anhieb einordnen könnten, ganz gleich, wie weit ihre Milieus und Vorlieben auseinanderliegen mögen? Ich vermute ja.

Auf mich dagegen wirkt es, als sprächen sie, ohne dazu den Mund aufmachen zu müssen, in einer mir unbekannten, ein wenig unheimlichen Sprache. In einer fremden Sprache, von der ich zugleich weiß, sie ist Teil dieser, also auch meiner Welt.

Ist Magdeburg, ist der regelmäßig für vier Minuten vor meinen Augen aufflackernde Ausschnitt dieser Stadt das Gegenteil von einem Gedicht? Oder ergibt die Bahnsteigszenerie selbst ein Gedicht, das sich aus erratisch daherkommenden,

Code anzeigenden Sprachpartikeln zusammensetzt, aus Ankündigungen, Weissagungen, Drohungen, die sich, in schlichtem Nachwende-Englisch formuliert, um einen nicht näher zu bestimmenden »Raben« gruppieren, in wechselnden Konstellationen, fortwährend in Bewegung begriffen?

Möglich, dieses nach meinen vorangegangenen Sätzen inzwischen vollends phantastische, konstruierte Magdeburg hat ein Sprachproblem – was jemanden wie mich, der ich Gedichte schreibe, natürlich hellhörig werden lässt.

Gleichgültig, ob es selbst ein Gedicht ist, ob es mit seiner Schroffheit, seinem Hauch von brutaler Unbeholfenheit und der demonstrativen Abkehr, Abwehr jeglicher Sensibilität ›Gedichtferne‹ signalisiert, ob es gleichwohl ›gedichtfähig‹ wäre oder nicht – Magdeburg teilt etwas mit der großen Zahl an Gedichten, mit der unendlich weit in die Vergangenheit zurückverfolgbaren Spur der ›modernen Lyrik‹, über die zu klagen Leser nicht müde werden, sie verweigere sich dem Zugang: es entzieht sich der – wie auch immer zu definierenden – Allgemeinverständlichkeit.

Magdeburg könnte, und zwar an jeder Ecke, einen Anmerkungsapparat gebrauchen.

III
Eine fremde Sprache, von der ich zugleich weiß, sie ist Teil dieser, also auch meiner Welt:

Funkert – hocken – Ganhart – Geschwenz –
    oder:
Terich – Glatthart – Schrenz –
Laubfrosch – Mackum – Billret –

oder:

erferken – Terich – Quien –
Nerrgescherr – Gleicher – dippet –

und:

erfetzt – Polender – Galle – brißt –
Erlat – Fluckart – grandig – Gleicher –
Strombart – Kandig – Windfang – Schwärz –

sowie:

dippe – Betzam – Lechem – brißt –
Regenwürme – Fünkelei –
Keris – schwadern – Funkert – Schwärz –
Keris – strome – Keris – Keris –
Schreiling – Mussen – Sonz – Hauz –
Keris – bafen – Holderkauz.

Damit rasen wir knapp zweihundert Jahre zurück, rasen von Magdeburg vierhundertsechzig Kilometer Richtung Osten, nach Breslau. Dort gibt August Heinrich Hoffmann, den man heute höchstens noch kennt, weil er den Text zur Erkennungsmelodie der deutschen Fußballnationalmannschaft geschrieben hat, gibt also August Heinrich Hoffmann, genannt von Fallersleben, als Hilfsbibliothekar die ›Monatsschrift von und für Schlesien‹ heraus.

In der Januarausgabe 1829 geht er unter der Überschrift »Ältestes Rotwälsch in Deutschland« den Spuren nach, welche das Rotwelsche, die – so der Autor – »Gaunersprache« und »ein Mischmasch, ein echtes Kauderwelsch, eine wahre Spitzbubensprache«, in schriftlichen Quellen hinterlassen hat – womit Hoffmann von Fallersleben zum Gründungsvater der Rotwelsch-Philologie wird. Näher führt er aus: »Diese Sprache, gewöhnlich Rotwälsch genannt, besteht nämlich aus vielen neuen selbstgeschaffenen deutschen Wörtern oder alten vorhandenen, mit denen man ganz neue Begriffe verband, oder die man durch neugeschaffne Flexionen unkenntlich machte, wozu sich dann noch viele andere aus fremden Sprache gesellten, zumal hebräische und romanische, deren Gestalt und Bedeutung jedoch ebenfalls wie die der deutschen Wörter dermaßen umgeschaffen ist, daß man etwas ganz Neues zu hören glaubt.«

Er meint »etwas ganz Neues zu hören«: Mit dem Rotwelschen als einer gesprochenen Sprache wendet sich Hoffmann von Fallersleben einem jungen Forschungsgebiet zu, ja, angespornt von Jacob Grimm stellt er sich – annähernd sechs Jahrzehnte vor Edisons Erfindung des Phonographen – mit an die Spitze der Verfechter eines *acoustic turn*. Derart verschwommene Konturen zeigt das Konzept ›Mündlichkeit‹ seinerzeit, derart flüchtig wirkt es noch, dass Jacob und Wilhelm Grimm für die Zwecke ihrer Forschungs- und Sammeltätigkeit anfangs gar nicht umhin zu kommen scheinen, Mündlichkeit zunächst als reines Konstrukt zu etablieren, Mündlichkeit fiktiv zu fassen: Heute wissen wir, vieles von dem, was sie sich an alten, vermeintlich mündlich tradierten Märchen erzählen ließen, hätten sie einfacher aus Büchern abschreiben können.

August Heinrich Hoffmann von Fallersleben klopft schriftliche Quellen nach mündlichen Spuren ab, nach Hohlräumen, die sich unter der Schrift verbergen: Er präsentiert einen Rotwelsch-Fund aus dem vierzehnten Jahrhundert, legt eine umfangreichen Materialsammlung zur Verwendung rotwelscher Ausdrücke in der deutschen Literaturgeschichte an und schließt mit einem »Lied aus neuester Zeit«, das seiner Auskunft nach »auch in Schlesien entstand, es ist mir wenigstens als das Erzeugniß eines schlesischen Poeten mitgeteilt worden«.

Fiktive Mündlichkeit. Denn das »Lied« stammt, wie sich von allein versteht, natürlich von ihm selbst. Von jenem Dichter, muss man sich vergegenwärtigen, ohne den der Schlachtruf »Schland« undenkbar wäre. Dass es sich, wie der Text der deutschen Nationalhymne, auf die Melodie von Joseph Haydns »Gott erhalte Franz, den Kaiser« singen ließe, macht die Angelegenheit nur um so aparter:

1.
Funkert her! hier laßt uns hocken,
Hol' der Ganhart das Geschwenz!
Auf dem Terich ist's ja trocken,
Wie am Glatthart in der Schrenz.

2.
Und kein Laubfrosch soll uns merken,
Wenn den Mackum wir beziehn.
Kann der Billret uns erferken,
Und der Terich sein ein Quien?

3.
Nerrgescherr, ihr Gleicher alle!
Dippet was ihr habt erfetzt
Im Polender, in der Galle,
Alles brißt dem Erlat jetzt!

4.
Wie der Fluckart freut sich grandig
Auch der Gleicher allerwärts,
Jeder Strombart ist sein Kandig
Und sein Windfang ist die Schwärz.

5.
Jeder dippe jetzt das Seine!
Betzam, Lechem brißt herbei,
Regenwürme groß und kleine,
Jo die ganze Fünkelei!

6.
Keris her! jetzt laßt uns schwadern
Um den Funkert in der Schwärz!
Keris strome durch die Adern
Und voll Keris sei das Herz!

7.
Keris her! und laßt sie schlafen,
Schreiling, Mussen, Sonz und Hauz!
Keris her! wir wollen bafen,
Weckt uns doch kein Holderkauz.

Man stelle sich – knister, knister, rausch – dieses Gedicht aus einem Phonographentrichter gesprochen vor, von einer abwesenden Stimme. Aber Moment – habe ich da gerade »Jo« gesagt? »Jo die ganze Fünkelei«? Ja, Hoffmann von Fallersleben hat tatsächlich »Jo« gesagt.

Als er sich, wie er schreibt, der Sprache der »Räuber, Diebe, Gauner, Landstreicher und Bettler«, also der Fahrenden und Verfolgten zuwendet, ahnt er nicht, dass er einmal selbst mehrere Jahre auf der Flucht sein, im Untergrund leben wird. Noch ist er Hilfsbibliothekar, bald ordentlicher Professor in Breslau, Quellenforscher, Herausgeber, Gelegenheitsdichter.

»Rotwälsch« ist gewiss kein Meisterwerk, die Fingerübung eines Gelehrten, der, ganz Romantiker, mit dem ›Volkston‹ liebäugelt, das ›Räuberleben‹ preist: »Jedes Leben im Freien, fern von dem Alltagsleben der übrigen Menschen«, schwärmt er, »von ihren gewöhnlichen Hantierungen, ihren häuslichen Sorgen und Kümmernissen, hat etwas Poetisches, es erzeugt eine Anschauung der Welt und der menschlichen Verhältnisse, wie sie sich im herkömmlichen Zustande einer Gesellschaft selten findet, und gewährt uns in jeder Darstellung seines Ichs eine eigenthümliche, bedeutungsvolle Erscheinung.«

Eine »eigenthümliche, bedeutungsvolle Erscheinung«, von der das »Ich« eines Breslauer Hilfsbibliothekars nur träumen kann, während er jahrelang erbittert darum kämpft, endlich in den Beamtenstand gehoben zu werden.

Bei »Rotwälsch«, das Hoffmann von Fallersleben später noch zweimal, nun unter eigenem Namen, veröffentlichen wird, handelt es sich zweifellos um ein Trinklied, und zweifellos auch um ein deutsches Gedicht – aber um eines, das auf den Gebrauch des Standarddeutschen so weit wie möglich verzichtet. Neununddreißig Rotwelschausdrücke bringt der Autor in seinen sieben kurzen Strophen unter, darunter auch einige ›falsche Freunde‹ wie »Regenwurm«, »Gleicher«, »Laubfrosch« – in einem angefügten Glossar finden sie sich aufgelistet und ›übersetzt‹. Woher Hoffmann von Fallersleben allerdings das »Jo« nimmt, bleibt sein Geheimnis.

Anfang der vierziger Jahre dann macht ihn sein »Deutschlandlied« zum Andreas Baader seiner Zeit: seiner radikalen politischen Ideen wegen vom Staat verfolgt, von den Halbstarken angehimmelt. Er verliert Amt und Pension, wird zum Staatenlosen erklärt und findet, unzählige Male den Aufenthaltsort wechselnd, Unterschlupf nur noch bei Freunden. Wo er auch auftaucht, horchen Spitzel ihn aus – die Sesshaften den Nicht-Sesshaften, der in ihren Augen per se gefährlich ist. Die ganze Wanderromantik, meint man, ist schon so gut wie zugrunde gerichtet, bevor sie sich überhaupt ausformt: Man muss sich »Das Wandern ist des Müllers Lust« als fröhlich geschmetterten Denunziantenbericht vorstellen.

Erstens: Lustig ist das Zigeunerleben. Zweitens: Rübe ab.

IV
Ohne Polizeispitzel jedoch würden keine Wörterbücher von Geheimsprachen wie dem Rotwelschen existieren – so etwa der 1812 in erweiterter Ausgabe bei Gottfried Braun in Heidelberg erschienene Klassiker *Aktenmäßige Geschichte der Räuberbanden an den beiden Ufern des Mains, im Spessart und im Odenwalde. Enthaltend vorzüglich auch die Geschichte der Beraubung und Ermordung des Handelsmanns Jacob Rieder von Winterthur auf der Bergstraße. Nebst einer Sammlung und Verdollmetschung mehrerer Wörter aus der Jenischen oder Gauner-Sprache.* Verfasst »Vom Stadtdirector Pfister zu Heidelberg«, Kraft seines Amtes für die Hinrichtung von überführten Kriminellen zuständig und bei den Bürgern beliebt, weil er es versteht, eine schnöde Hinrichtung als massenwirksames Spektakel zu inszenieren. Pfisters *Aktenmäßige Geschichte der Räuberbanden an den beiden Ufern des Mains* stellt gewissermaßen das Buch zum Film dar, lange vor Erfindung des Films. Ein einmaliges Open Air-Erlebnis, save the date: Am 31. Juli 1812 findet, im Anschluss an einen Schauprozess auf dem Marktplatz, die Hinrichtung der Hölzerlips-Bande statt. Bestellungen für das Buch zum Blutgericht werden schon jetzt entgegengenommen.

»Zweifach ist die Absicht, welche mich zur Herausgabe dieser Schrift bestimmte; doppelt der Zweck, welcher durch sie erreicht werden soll«, eröffnet Ludwig Pfister seinen »Vorbericht«: »Sie soll nämlich von der einen Seite die gespannte, nicht tadelnswerthe Neugierde derjenigen befriedigen, welche die Einfangung so mancher Räuber und Gauner in hiesiger Gegend theils selbst mit ansahen, theils davon hörten [...]; sie soll aber, von der andern Seite, auch zugleich dazu dienen: das Publikum von der Verfahrungsweise dieser Räuber zu unterrichten, die noch freien Glieder der Bande kenntlich zu machen, dadurch ihre Beifangung zu erleichtern und so die öffentliche Sicherheit zu vermehren.«

Die Ironie der Geschichte liegt darin, dass Hoffmann von Fallersleben, der später jahrelang als Gefahr für die öffentliche Sicherheit betrachtet wird, ausgiebig Gebrauch von »Pfister's vortrefflichem Buche« macht, als er sein mit Rotwelsch-Vokabular durchsetztes Gedicht schreibt.

Vom Verbrecherleben bemerkt Ludwig Pfister ohne jede Räuberromantik: »Sie kennen sich alle unter einander, auch wenn sie sich nie gesehen haben, und es ist wirklich merkwürdig, mit wie treuem Gedächtnisse alle diese Menschen alle Verhältnisse und Thaten aller Gauner kennen. Es besteht unter ihnen eine von Generation zu Generation fortgehende Tradition, welche um so leichter erhalten, berichtigt und begründet wird, weil sie außer ihren Räubereien kein bestimmtes, sie interessierendes Geschäft haben, und darum ihnen Zeit genug übrig bleibt, sich unter Wegs, auf den Feuerplätzen, in den Herbergen, von ihrem Lieblingsgewerbe zu unterhalten, sich wechselseitig ihre eigenen und die Thaten anderer zu erzählen.«

Damit umreißt der Heidelberger Stadtdirektor eben jene Ausgangssituation, die Hoffmann von Fallersleben uns in seinem Gedicht ausmalt – auf Hochdeutsch, Normdeutsch, Lanxess-Arena-Deutsch ungefähr:

1.
Feuer her! hier laßt uns liegen,
Hol' der Teufel die Herumrennerei!
Auf dem Boden ist's ja trocken,
Wie am Tisch in der Stube.

2.
Und kein Jäger soll uns merken,
Wenn wir uns an der Stelle niederlassen.
Kann der Baum uns verraten,
kann der Boden ein Hund sein?

3.
Guten Abend, Kameraden!
Gebt, was ihr erarbeitet habt
In der Burg, in der Stadt,
Alles trägt dem Meister zu!

... und so weiter bis zur Schlussstrophe:

7.
Wein her! und laßt sie schlafen,
Säuglinge, Weiber, Edelmänner und Bauern!
Wein her! wir wollen saufen,
Weckt uns doch kein Hahn.

– Womit, jenseits des Gedichts, das Erzählen beginnt.

Ludwig Pfister, der sich von Polizeibeamten dazu hat breitschlagen lassen, der erweiterten Ausgabe seines Werks neunzehn Seiten Glossar des Rotwelschen anzufügen, betrachtet diese Arbeit nicht lediglich als Leitfaden zum Aufspüren von Gesetzlosen anhand der von ihnen gesprochenen, fremdartigen Sprache, sondern ausdrücklich als Sprachkursmaterial. Jenisch für Deutschländer: »Doch rathe ich jedem Richter, sich mit dieser Sprache vertraut zu machen, weil sie ihm gar manchen Vortheil gewähren kann. Auch der Gauner wird leichter vertraulich und offener, wann er in seiner wahren Muttersprache sprechen kann, und auch in dieser, ohne Affectation und Ostentation mit ihm gesprochen wird. Ich sage und wiederhole noch einmal, ohne Affectation und Ostentation.«

Keine Frage, dass Pfister dieser Sprache mächtig ist – er weiß, wovon er spricht. Zum Schluss bringt seine *Aktenmäßige Geschichte der Räuberbanden an den beiden Ufern des Mains* auch endlich die auf dem Titelblatt angekündigte Kupfertafel. Sie zeigt, auf Holzblöcken dargeboten, um das Blut bereinigt und noch einmal gekämmt: »Die Köpfe der Hingerichteten. 1. Manne Friederich. 2. Hölzerlips. 3. Kraemer Mathes. 4. Veit Kraemer« – alle vier mit offenen Augen und geschlossenem Mund. Die reden kein Rotwelsch mehr.

V

Sprachreinigung der radikalen Art. Mit Stumpf und Stiel. Und das in Heidelberg, wo Achim von Arnim und Clemens Brentano ihre »Alten deutschen Lieder« gesammelt und, für das zwischen 1805 und 1808 in drei Bänden erschienene *Des Knaben Wunderhorn*, mit sprachreinigendem Eifer in ein konstruiertes Normdeutsch übertragen haben – unter Inkaufnahme gehöriger Verluste, was die regionalsprachlich und dialektal geprägten Vorlagen angeht, von den Fremdwörtern einmal ganz zu schweigen. Aber im Dienste der Allgemeinverständlichkeit wird man ja wohl noch ein bisschen Gewalt anwenden dürfen.

Damit jedoch erweist sich, in einer schwindelerregenden Umkehrbewegung, der Stadtdirektor, der Scharfrichter, der Geheimpolizist als mein bester Freund, mein engster Komplize beim Schreiben. Will ich der Welt, der sprachlichen Welt auf die Spur kommen, nützen mir die von Arnims und Brentanos im Grunde nichts, das heißt, indem ich ihnen Vertrauen schenke, folge ich falschen Fährten: Was sich als Protokoll mündlich tradierter »Alter deutscher Lieder« ausgibt, wurde konsequent auf eine imaginäre Mitte hin ›eingedeutscht‹. Die Vielfalt der Welt ist dahin. Zum Glück gibt es da noch die nicht weniger eifrig sammelnden Polizeispitzel und -beamten. Nur sie eröffnen mir, indem ich zu ihren Wörterbüchern greife, den Blick auf die historische wie regionale Staffelung der Sprachschichten, die Vielfalt an sprachlichen, gesellschaftlichen Milieus.

Sondersprache ist eine Frage der Perspektive. Die Sondersprache Bahnsteig Magdeburg. Die Sondersprache Gedicht. Und die Sondersprache Schmackofatz.

Während eines längeren Aufenthalts in Berlin im Sommer 2015 komme ich jeden Morgen auf dem Weg zur Straßenbahn an einem Ladenlokal mit der sonderbaren Beschriftung »Schmackofatz« vorbei. Über dem Eingang wird bis vor wenigen Jahren einfach »Obst und Gemüse« oder »Koks und Kohlen« gestanden haben, dann wurde das Haus saniert, nach und nach das gesamte Viertel, und von den früheren Einwohnern blieb so gut wie niemand zurück. Eine seltsam geschichtslose Gegend, in der man überall auf historische Signale stößt, oder: auf Signale des Historischen. Ein halbes Dutzend Straßenzüge, das weder Nüchternheit noch Wehmut zulassen will: Kein Mensch könnte sich ernsthaft wünschen, das Viertel würde in seinen früheren Zustand zurückversetzt, doch auch die Zukunft scheint hier bereits Vergangenheit zu sein.

Am Rand des Volksparks Friedrichshain steht die Rewe-Baracke. Gehe ich einkaufen, werde ich von unzähligen jungen Müttern und Managern überholt, die joggend in den Park abbiegen, auf das im Mai 1972 eingeweihte Denkmal des polnischen Soldaten und des deutschen Antifaschisten zu: Eine Betonsäule, um die eine bronzene Fahne weht, rechts davon eine Reihe flacher, breiter Stufen, die es dem Besucher ermöglichen sollen, sich mit würdigem Schritt einem den Platz beherrschenden Schriftzug zu nähern:

»ZA NASZA I WASZA WOLNOSC«, und darunter: »FUER EURE UND UNSERE FREIHEIT«.

Auf die Jogger, die – jeder von seiner eigenen Fitnessmusik geleitet – am Denkmal vorbei in den Abend laufen, um nach wenigen Minuten wieder aufzutauchen, weil sie immer dieselbe Runde drehen, muss dieses manisch-monumentale Denkmal mit seinen Reliefbuchstaben wirken, als sei es – wie sie selbst, wenn sie einmal ›ganz bei sich‹ sind – weder in Zeit noch Raum fixiert, als gleite es nach eigenem Belieben auf der Zeitachse dahin und könnte, wie so vieles hier in der Gegend, genauso gut auch vom einen auf den anderen Tag verschwinden.

Dieses Viertel hat keine Geschichte, es hat – in der Vorvergangenheit – Geschichte gehabt: Von der Gründerzeit bis in den Nationalsozialismus, von der DDR bis in die ersten Nachwendejahre.

Seitdem aber biegt es sich nur noch in die Gründerzeit zurück. So hängt hier alles merkwürdig schief, hängt ohne Zeit in der Gegenwart, in einem JETZT ohne eigenen Geruch.

Ob hier Gedichte gelesen werden? Vermutlich dann, wenn man Hörbücher einliest, mit Titeln wie *Die hundert schönsten Gedichte der Deutschen* oder *Liebesgedichte von Goethe bis Gernhardt,* denn unter den Gästen, die tagsüber in den Straßencafés sitzen, sind, wie ich mir habe sagen lassen, nicht eben wenige Schauspielerinnen und Schauspieler, die auch mir aus dem Fernsehen vertraut sein könnten.

Ob ihr Blick, da sie ihn in der Augustsonne über die Kreuzung schweifen lassen, immer bereit, Fernsehkollegen zuzunicken, jemals an den Namen auf den Straßenschildern hängengeblieben ist? Namen, die möglicherweise schlechte Erinnerungen an Rollenangebote in nie zu Ende finanzierten Filmvorhaben wecken: Lauter auf qualvolle Weise zu Tode gekommene junge Frauen, Antifaschistinnen, von der SA erschlagen, in Plötzensee gehenkt. Hier mein Kiez – dort der Nationalsozialismus, wie man ihn aus dem Fernsehen kennt.

Und mittendrin: »Schmackofatz«. Es handelt sich, wie ich eines Morgens, da ich mir die Sache genauer ansehen will, am Eingang lese, um eine BARF-Manufaktur – was das auch immer bedeuten mag. Das Ladenlokal macht den Eindruck einer Salatbar für Salatallergiker, oder einer Eisdiele, nur dass ich von außen weder Eisbottiche noch einen Waffelhalter sehen kann. Möglich, hier wird etwas so Exklusives angeboten, dass es ratsam erscheint, den Showroom von vornherein leer zu lassen. Möglich, in den hinteren Räumlichkeiten werden Nussholzmöbel angefertigt, in denen man sein inneres Kind verstauen kann.

Ich probiere Sätze, doch es will sich kein Bild von BARF einstellen, keine Erklärung, wozu eine BARF-Manufaktur mitten in Berlin von Nutzen sein könnte. Das Wort muss erst in seine Einzelteile zerlegt werden, so wie auch das mit ihm Bezeichnete etwas zuvor Zerlegtes ist, zerlegt in seine vier Buchstaben, dann ergibt es Sinn: ›Bones and raw food‹ nämlich, woraus das Deutsche verklausulierter, komplizierter und um die Kernigkeit der Ursprungsaussage bereinigt ›biologisch-artgerechtes rohes Futter‹ macht.

Schmackofatz. Ein Geschäft für Hundefutter. Weiter nichts. Immerhin.

Was für ein seltsames Gewerbe, und was für ein abgrundtief bescheuerter Name. Ein Wort zum Schämen. Würde ich es jemals in einem Gedicht verwenden, frage ich mich – indem ich aber heftig verneine, zeichnet sich auch schon, wie es häufig geschieht, wenn ich Sprachmaterial für eindeutig gedichtuntauglich halte, vor meinen Augen die Hohlform eines Gedichts ab, in dem an irgendeiner Stelle »Schmackofatz« geschrieben steht.

Wo andere unablässig den sozialen Status der Menschen in ihrer Umgebung prüfen mögen, prüft jemand, der Gedichte schreibt, sein Sprachumfeld darauf, ob es Material bereithält, das zu notieren wäre, um womöglich irgendwann in ein Gedicht einzufließen: sei es als Sozial- oder Geschichtsmarker, sei es als bloßes Kontrastmittel, mit dessen Hilfe sich Sprachsphären plastisch voneinander trennen lassen.

Meine gesamte tägliche Wachzeit über betätige ich mich als Wörterprüfer – morgens beim Kaffee lese ich auf dem Balkon Gedichtbände aus dem Regal des Freundes, in dessen Wohnung ich den Sommer verbringe, über den Tag hinweg filtere ich Wörter aus dem Straßenbild, registriere während der U-Bahnfahrt, welche Minimalvariationen der *Motz*-Verkäufer heute in seinem

Verkaufsmonolog unterbringt, am frühen Abend vergleiche ich anhand von Warenetiketten und Werbedurchsagen, welche Kundschaft sich hier in der Rewe-Baracke, welche dort in der Bio-Company angesprochen fühlen soll. Vor dem Schlafengehen lasse ich den ruppigen Singsang des rheinischen Hochdeutschs auf mich wirken, wie es in der Krawallfernsehfamilie Wollny gesprochen wird. Die lebt in Neuss – wo ich aufgewachsen bin.

Mein Verhalten hat schlicht mit der Natur von Gedichten zu tun: Gedichte können alles aufsaugen, können sich jegliches Sprachphänomen zu eigen machen. Das zeichnet sie aus. Und schließlich können Gedichte – und damit zum letzten Mal: »Schmackofatz« – den übelsten Unsinn einhegen, unschädlich machen, nein: umlenken, aufladen, retten, in Gedichtsprache verwandeln.

Warum auch sollten ausgerechnet Gedichte ein Reservat der Weltferne, der Weltfremdheit, der Weltabwehr bilden?

VI
Wenn nicht die gesamte Welt – was im Einzelnen sollte denn Platz im Gedicht finden? Rosen? Goethe? Urlaubsstimmung? Gedichte können alles aufsaugen, unter anderem, ich zitiere: »Fragmente umgangssprachlicher Redewendungen, deutsch- und fremdsprachige Zitate aus Dichtung, Werbung und anderer Gebrauchsliteratur, Namen von Orten, Pflanzen, Tieren, Dichtern, Politikern, Fremdwörter aller Art und immer wieder Substantive, Reihen von Substantiven«.

Mit diesem Zitat aus einer am 10. März 1967 in der *Zeit* erschienenen Buchbesprechung sind wir mitten in eine der kuriosesten Konstellationen auf dem an Kuriositäten nicht eben armen

Feld der Literaturrezeption geraten, mit denen die bundesrepublikanische Literaturgeschichte dienen kann. Lassen wir dabei die Frage, was unter ›Verstehen‹ zu verstehen sei, einen Moment beiseite und staunen einfach angesichts einer Kette slapstickhafter Missverständnisse – auch solche können ja nicht nur für Heiterkeit sorgen, sondern recht aufschlussreich sein.

Auf der einen Seite ein junger, wenn auch bereits einunddreißigjähriger Pionier der Popkritik im deutschsprachigen Raum, auf der anderen Seite eine Dichterin aus Wien, die mit Anfang Vierzig ihren ersten umfangreichen Gedichtband in einem westdeutschen Verlag veröffentlicht hat. Er hört Jazz, Bob Dylan und die Rolling Stones, 1977 – wir erinnern uns: nie waren die sechziger Jahre toter als 1977 – wird er *The Rolling Stones Songbook* mit ins Deutsche übersetzen. Sie ist die Lebensgefährtin eines Jazz-Nerds und derzeit noch Beatles-, bald aber schon Zappa-Hörerin. Im Grunde, oder: ins milde historische Licht getaucht, denkt man, müssten sie sich ganz gut verstehen, Friederike Mayröcker und ihr Kritiker Helmut Salzinger, der später unter dem Pseudonym Jonas Überohr unter anderem für *Sounds* schreiben wird.

Tod durch Musen setzt ein mit einem achtteiligen, auf 1965 datierten Zyklus, der dem Band seinen Titel gibt. Und gleich der erste Abschnitt mündet nach neun kurzen Versen und einer Leerzeile in:

(goebbels: ». . wollt ihr den totalen krieg . .!« – J A A A)

Ein Auftakt, so verstörend wie der Anblick von Hells Angels mit aufgenähtem Eisernen Kreuz bei einem Konzert von The Grateful Dead. Ensembleklang und Politik, Lärm, Gewalt, Poesie. Und nirgendwo eine Instanz, die zwischen den Zeichenballungen, den Phänomenen, den Aggregatzuständen vermitteln würde.

Eine zweite Abteilung, überschrieben »1945–1950«, also exakt an jenem Punkt ansetzend, da das gebrüllte »J A A A« erstirbt, und eine dritte, »1950–1960«, bilden zusammen eine Retrospektive, zeichnen den Weg nach, den Friederike Mayröcker schreibend genommen hat, um den Leser mit sachter Hand auf das Kommende vorzubereiten: die sich über einhundertdreißig Seiten erstreckenden Arbeiten aus den Jahren 1960 bis 1965, eine Folge von sechsundvierzig Gedichten, die, länger und länger werdend, mehr und mehr Raum der jeweiligen Druckseite einnehmend, einen einzigen großen Gesang bilden, unterbrochen nur von gelegentlichen Atempausen – was offenbar dem Schreibprozess entspricht, der sich in den Tagesablauf der Englischlehrerin Friederike Mayröcker fügen musste.

Helmut Salzinger bekundet, »die Lektüre dieser Texte läßt den Leser tatsächlich aufs äußerste gereizt zurück«, und ich will gar nicht in Zweifel ziehen, dass es sich um ziemlich starken Tobak handelt. Hier das am 1. November 1964 entstandene Gedicht mit dem Titel

Brasilianisches Gedicht

(».. to be talked to the wings : in den air-Lüften hat sogleich; und
    dieser Geschmack nach gefegter Hoffnung; ein Schusz
        Telepathie;
    Pneumatik der Liebe; el-al : bring your family!
in nordischen Gärten Miriam (erstaunt) – wenn auf reinen
    Tragflächen;
    Sonne Brazil; entstört fliegen; an den fernen ..«)

geschehen längs der Küste : wo man in
Glossarien reist
schön ermattet; den Rheinfall im Aug; Rippe und Atem und der
heiszeste Bannfluch : (Mund!)
vom Himmel auf die Erde – gesiebtes Wasser; gesehen
wie man fällt; hinfällt; wie man bettet; unbeschuht (und die blonden
Tage im Arm!)

beiläufig auch die great canons : Bürger von Katakomben :
Stufe für Stufe abwärts . .

bist -wärts wenn Abschieds-Glocke ein Stück ins gewisse;
Asta Nielsen in ihrer besten Zeit : Potsdam und das Aufblühn
der plastischen Kunst
Aschinger Bierquelle (überall in Berlin) suspekt unter der Sieges-Säule :
(Rosarium Stein) – fest in meiner Hand : bauschiger Osten!
und die ersten spontanen Fragen

(watch your eyes)
(watch your heart)

winters in jähen;
von Oranienburg bis Sans-Souci

schält sich ein exterritorialer Eros   (spreizt Leben)

! do Brazil ! bis an die fernen dekadenten Lungen;
! do Brazil !
(vielleicht lange nicht mehr; vielleicht nicht mehr lange)

do Brazil –

                                              (am I allowed to pop?)

lupenrein

Aufgespannt zwischen Schaffhausen, dem Großraum Berlin und Brasilien – oder doch zwischen dem Konzentrationslagerort Oranienburg und dem Lied »Brazil«? Das Gedicht ›verrät‹ nicht, ob es einen geographischen Raum vermisst oder deutsche Geschichte und zeitgenössische Populärkultur zueinander in Beziehung setzt, zusammenzwingt: »(am I allowed to pop?)«

Die eingangs aufgerufene Flugszenerie scheint jedenfalls eher in Richtung Pop zu deuten, nämlich auf das Plattencover von Frank Sinatras Album *Come Fly With Me* aus dem Jahr 1958, einer Reise um die Welt in Liedern, unter anderem, natürlich, nach »Brazil«: Vor einem fast ein wenig bedrohlich blauen Himmel sieht man da den Sänger auf einem Flugfeld stehen, im Hintergrund abflugbereite Maschinen, er lächelt den Betrachter an, mit dem Daumen deutet er aufs Flugzeug, am Kopf der Gangway wartet schon die Stewardess – dann setzt das erste Stück des Albums ein, »Come Fly With Me« und

DIE SPRACHE, DIE FREMDE

Once I get you up there
where the air is rarefied
we'll just glide
starry-eyed

                in den air-Lüften hat sogleich; und
dieser Geschmack nach gefegter Hoffnung; ein Schusz Telepathie

come fly with me.

Doch Helmut Salzinger möchte nicht mitfliegen. Er wendet sich ans Bodenpersonal, Verzeihung, ans Bildungsbürgertum: »Ohne Gebrauchsanweisung läßt sich mit diesen Aneinanderreihungen von Wortungetümen nichts anfangen«, meint er, und: »all das wird zu einem zähen Wortbrei zusammengeknetet, aus dem ein gelegentlich beigesetztes ›wie ponge‹ dem Leser signalisieren soll, es handele sich um äußerst bedeutungsvolle Mitteilungen, in denen das Sein der Welt schlechthin sich zu Wortformationen kristallisiert habe.«

    Das »Sein der Welt schlechthin«? Derartiges Armerudern auf dem Flugvorfeld lässt sich in frühen Besprechungen von Büchern Friederike Mayröckers häufig beobachten. Normalerweise kann man angesichts der demonstrativen Verständnislosigkeit nur verständnislos den Kopf schütteln, im Fall von Helmut Salzinger jedoch machen solche Trockenübungen traurig. Nicht ohne Absicht wird die Literaturredaktion der *Zeit* gerade Salzinger mit der Rezension betraut haben, womöglich gar als Feuerprobe, ob dieser Popfachmann – es handelt sich um einen der ersten Artikel des Autors für die *Zeit* – dem ›Gegenstand gewachsen‹ ist, ob er über das nötige Handwerkszeug, den nötigen Referenzrahmen verfügt, um den Feuilletonlesern diese neumodischen, anstrengenden Sachen aus Wien zu vermitteln.

Mit Hubert Fichte im Star-Club hat man in Hamburg seinerzeit längst keine Schwierigkeiten mehr, bei *Tod durch Musen* aber brennen die Sicherungen durch. Ich erwarte von Helmut Salzinger nicht, ihm solle alles in diesem Band auf Anhieb einleuchten. Was mich verwundert, ja, bekümmert: dass er in Friederike Mayröckers Gedichten nichts von dem wiedererkennt, was seiner Lebenswelt, seinen Erfahrungen mit Kino, Kunst, Musik entsprochen haben muss, also den Medienwirklichkeiten, in denen er sich bewegt. Wenn er Orientierungsschwierigkeiten hat, warum greift er nicht einmal nach einem der zahllosen Strohhalme, die ihm hingehalten werden?

Nach »cat ballou« zum Beispiel, der Westernkomödie von 1965 mit Jane Fonda, die in Deutschland unter dem Verleihtitel *Hängen sollst du in Wyoming* ins Kino kam. Oder nach – Vorsicht, Vampgedränge – »Asta Nielsen in ihrer besten Zeit«. Nach »Dagobert« hätte er ebenso greifen können wie nach »stokowski«, dem Dirigenten Leopold Stokowski, der die Filmmusik zu Disneys *Fantasia* dirigierte. Sollten Salzinger der 1964 veröffentlichte Völkerwanderungsroman *Ritt ins Hunnenland* von Georg Schreiber oder die Sonetteröffnung ». . before he went to feed with owls and bats . .‹« von John Keats zu stark nach bildungsbürgerlicher Weihestunde riechen, warum stürzt er sich dann nicht auf derselben Druckseite fröhlich auf »›his eye is on the sparrow . .‹«, den Gospelklassiker, den neben anderen 1951 auch Sister Rosetta Tharpe eingespielt hat? Oder auf die »enorm-Musiken«, nämlich »alle Beatles-musiken«, wie es in »Text mit Linné's berühmter Blumen-Uhr« heißt?

»». . and suddenly it jumped . .‹ – 9. Juli 46, Hollywood« steht da: ein Titel von Duke Ellington samt Aufnahmeort und -datum: Wer unter den Literaturkritikern hätte solche Momente, solche Signale 1966 erkennen, erspüren sollen, wenn nicht Helmut Salzinger? Merkwürdig zwischen Hochkulturabscheu und Populärkulturblindheit schwankend wehrt er ab: »Das alles wäre weiter gar nicht so wichtig, wenn diese literarische Richtung sich selbst nicht so bierernst nähme, wenn der Leser gewiß sein könnte, diese ›Textereignisse‹ mit ihren manchmal recht witzigen Wortbildungen und Wortspielen ganz unvoreingenommen und einfach belachen zu dürfen, ohne sich damit das Armutszeugnis totaler Unbildung auszustellen. Solange er aber im Zweifel sein muß, ob die Feststellung ›schwerer Held : empfand Position 2 wie Position 1 (ca. 40 mm entfernt)‹ nicht vielleicht doch die Lösung irgendeines Welträtsels enthält, wird er sich das Lachen lieber verkneifen.«

VII

Worüber aber lacht man Mitte der sechziger Jahre in der Bundesrepublik? Anders gefragt: Was nimmt man allen Ernstes ernst? Verse wie diese offenbar, 1965 veröffentlicht:

Er saß in dem geheizten Zimmer
Adorno mit der schönen Zunge
und spielte mit der schönen Zunge.

Da kamen Metzger über Treppen,
die stiegen regelmäßig Treppen,
und immer näher kamen die Metzger.

Und Verse wie diese, am 17. September 1965 in der *Zeit* erschienen:

In der Metzger Namen bitt ich Dichter,
nicht die Metzger zu verletzen durch Gedichte.
Ach, ich weiß, die Poesie braucht Metzger,
Messer, Blutgeruch für feines Beispiel.
Was aber, wenn ein Metzger abends liest?

So geht es, in beiden Gedichten, noch einige Strophen weiter – mir aber stockt schon beim leise Lesen der Atem, dermaßen peinigend ist die Lektüre. Das Mitte der sechziger Jahre in der Bundesrepublik als allgemeinverständlich betrachtete Gedicht berührt mich so unangenehm wie die beflockten Arschbacken eines Mannes am Bahnsteig von Magdeburg im Jahr 2015. Dies ist die Welt, in die Friederike Mayröcker hineinschreibt.

Und es macht die Sache nicht besser, wenn am 24. September 1965, ebenfalls in der *Zeit*, eine Antwort auf – man ahnt es ja bereits – Günter Grass und Martin Walser mit den Versen beginnt:

Hier wird hausgeschlachtet!
Geschmückt ist der Wiesengrund
Mit rotem Blut, das züngelt grässlich im Gras,
Das Gottesgeschenk wird verhöhnt.
Ich weiß nicht, was soll es bedeuten?

– Anscheinend begreift Erich Fried, aus dem Londoner Exil heraus eng mit der Wiener Szene verbunden, tatsächlich nicht, welche Bälle sich die bundesdeutschen Autoren da mit unbeholfenem Flakhelfersadismus zuspielen. Er kann den fürchterlichen Ton nicht einordnen.

VIII

Soweit die Szenerie, vor deren Hintergrund sich Helmut Salzinger in Wien beschwert, ihm bleibe bei der Lektüre von Friederike Mayröcker nichts übrig, als sich selbst ein »Armutszeugnis totaler Unbildung« auszustellen: angesichts der Gedichte in *Tod durch Musen* ist das totaler Quatsch. Westernkomödien gehören seinerzeit so wenig zum Bildungsgut wie Disneyfilme. Und die Beatles schon gar nicht.

An anderer Stelle dagegen mag er nicht darauf verzichten, seine Bildung unter Beweis zu stellen: wenn er – typischer Rezensentendreh – bemängelt, das literarische Verfahren der Autorin sei nicht »neu«. Zaubert er dann aber als Gewährsmann Gottfried Benn herbei, hat dies etwas unfreiwillig Komisches. Salzinger will natürlich sagen: Ezra Pound.

Dabei ist das alles wirklich nicht mehr lustig. Nicht Friederike Mayröcker, Helmut Salzinger zeigt sich in solchen Momenten von einem übelriechenden deutschen Bierernst beseelt.

Wenn er sich über »eine wildgewordene Interpunktion« aufregt, »die dem Leser mit Zeichen wie ›–?:‹ oder ›../..‹ höchst beredt die Überflüssigkeit, Sprache anzuwenden, demonstriert«, möchte man ihm durch die Jahrzehnte zurufen: Schlagen Sie doch bitte nur einmal kurz ein anderes Buch auf, das – da bin ich mir fast sicher – auf ihrem Schreibtisch liegt, nämlich den wie Mayröckers *Tod durch Musen* bei Rowohlt erschienenen Roman *Von einem Schloß zum andern* von Louis-Ferdinand Céline: Ihnen wird unmittelbar einleuchten, der ›Sonderzeichensalat‹ aus Anführungszeichen, Ausrufezeichen und Auslassungspunkten dient der Rhythmisierung einer Rede, die zu Schrift gerinnt.

Solche Markierungen können Helmut Salzinger so wenig fremd sein wie das literarische Umfeld, aus dem *Tod durch Musen*

Anregungen und eine eigentümlich zwischen Friedfertigkeit und Angriffslust changierende Energie bezieht. Tatsächlich wird er dann 1969 *Norden* in der *Zeit* besprechen – wie *Von einem Schloß zum andern* Teil der Deutschland-Trilogie von Louis-Ferdinand Céline.

Frühjahr 1945, der Zweite Weltkrieg neigt sich dem Ende zu, im Troß der Vichy-Regierung begibt sich Céline von Sigmaringen aus auf den Weg nach Norden:

das ließ sich schlecht an! ... besonders da die vom Schloß, in puncto Proviant, im ganzen nur zwei Päckchen pro Minister gekriegt hatten! Päckchen mit belegten Broten! Eifersucht! und von den Hotels? ... nitschewo! ... das sollte drei Tage, drei Nächte vorhalten, von Sigmaringen bis da oben nach Preußen ... in puncto Anzug, vermerke ich, sie waren angezogen wie sie von Vichy abgereist waren, leichter Überzieher, Wildlederlatschen ... keineswegs für »unter null« ... für Sigmaringen im November ging's noch, aber wenn man da rauffuhr, ging es verdammt schlecht! ... man hat's erlebt! das ging ganz und gar nicht mehr! besonders zum Schlafen! als die belegten Brote aufgegessen waren, hatten sie nichts mehr und stampften verdammt mit dem Fuß auf! ... daß die Reise noch nicht zu Ende war und daß man immer weiter nach oben fuhr! das Thermometer sank und sank! und der Schnee, zuerst in Flocken, begann derartig zu fallen! Schneestürme – »Blizzards«! ... hinter Nürnberg besonders! ... dicht! wie Watte! keine Sicht mehr! weder die Schienen noch der Bahndamm! noch die Bahnhöfe ... der Horizont, der Himmel, Watte! ... wir sind durch Magdeburg gefahren, ohne etwas zu bemerken ...

Genau an dieser Stelle in Célines *Von einem Schloß zum andern* dürfte Friederike Mayröcker sich bedient haben, als sie das

Wort »Magdeburg« in ihren »Text mit Steinen« setzte – ein im Vorbeifahren flüchtig wahrgenommenes Graffiti in einer unbekannten Stadt.

Und nein, nicht um die »Lösung irgendeines Welträtsels« geht es in *Tod durch Musen* – Friederike Mayröcker nutzt, und darin läge nun der ›Witz‹, offenkundig Formen und Verfahrensweisen von Céline und Pound, jenen beiden Erz-Antisemiten, um deren Lektüre man bis heute nicht herumkommt, und lädt sie mit Gegenwart auf, speist akutes Mediengeschehen ein, allgegenwärtiges Geschehen, Musik, Film, Kunst, Radiostimmen, Zeitungs- und Illustriertenmaterial – Momente jenseits der Schriftlichkeit, Momente, die man mitnotieren muss, will man sie im Gedicht aufscheinen lassen, will man die Sprache ernsthaft auf ihre Gedichtfähigkeit hin prüfen.

und weil es Céline widerfuhr / an alle
                ausgeklinkten
                Gazetten-Leser . .

Auch dieser Hinweis, in »Text zu fünf gleichen traurigen Trommelschlägen : top-top-top-top-top«, wird von Helmut Salzinger geflissentlich überlesen. Warum? Warum verspürt er das dringende Bedürfnis, es sich beim Lesen von Gedichten selbst unendlich schwer zu machen?

Mag sein, hier liegt eine deutsche Sprach- und Lesedeformation vor, die sich aus Wiener Perspektive kaum nachvollziehen lässt. Im Unterschied zu den westdeutschen Popschriftstellern adaptiert Friederike Mayröcker nicht den bei den Beatpoeten abgeschauten Gestus des Underground. Ihre Gedichte leben nicht von einer Absetzbewegung, sie sind nicht darum offen für

Phänomene der Populär-, damals noch: Trivialkultur, oder schlicht: für Schund, weil die Autorin damit ihren Protest gegen überkommene Werte, verbrauchte Sprache zum Ausdruck bringen wollte. Der *Tod durch Musen* will keine Hochkultur ›vom Sockel stürzen‹, sendet dem Leser so gut wie keine Signale, hier gehe es darum, den ›alten Muff‹ aus der Position einer von Gewährsmännern in den USA etablierten Gegenkultur anzugehen. Friederike Mayröcker stellt eine Ein-Personen-Counter-Culture dar – im reaktionären Österreich der langen Nachkriegszeit wie in der für Metzgergedichte auf Theodor W. Adorno empfänglichen Bundesrepublik.

Die von ihren Gedichten ausgelöste, Helmut Salzinger tiefes Unbehagen bereitende Irritation könnte, jenseits der Substantivreihungen, der unverbundenen Satzteile und der weiten Wortfelder daher rühren, dass sie vielmehr einen Gestus aufgreifen, der in historischer Perspektive unentwirrbar mit dem Aufkommen deutschnationaler Phantasien zusammenhängt: Und so gerät, in letzter Konsequenz romantischer Sammelleidenschaft, am Ende selbst eine mündliche Quelle menschen- und kunstverachtender Natur aus der jüngsten Vergangenheit, aus dem Berliner Sportpalast ins Gedicht:

(goebbels: ». . wollt ihr den totalen krieg . . !« – J A A A)

Es liegt mir fern, Helmut Salzinger, der sich in den achtziger Jahren aufs Land zurückzieht, die Zeitschrift *Falk* – Gegenkultur in Reinform – gründet, Gedichte schreibt, Texte, in denen er versucht, nichts zu erzählen, und der im Dezember 1993 an einem Herzschlag stirbt – es liegt mir fern, Helmut Salzinger mit dem Abstand von fünfzig Jahren am Zeug zu flicken, ihm gar in den Kopf schauen zu wollen. Sein Leseverhalten erscheint mir schlicht symptomatisch – die aggressive Defensive, der starre und zugleich herumirrende Blick. Eine Haltung, der ich auch heute immer wieder begegne, wenn von Gedichten die Rede ist: Er steckt in einem Dilemma, aus dem ihm leider kein Gedicht heraushelfen kann.

Ein Dilemma – und darum bin ich so ausführlich auf die Konstellation Helmut Salzinger und Friederike Mayröcker eingegangen – schwierigster Natur, weil es, anders vielleicht als »irgendein Welträtsel«, aus seiner Perspektive nicht zu lösen ist: Einerseits kanzelt er, mit Begriffen wie »Gebrauchsanweisung« und »Armutszeugnis totaler Unbildung« alles ab, was seiner Vorstellung nach in der Sphäre der Bildungsbürger, oder der Intellektuellen, oder der Spinner zu verorten ist, andererseits weigert er sich strikt, auch nur ein einziges Moment wiederzuerkennen, das aus seiner eigenen Lebenswirklichkeit, aus seinem allerselbstverständlichsten Umgang mit Medienwirklichkeiten ins Gedicht gefunden hat.

Er mag die Westernkomödie *Cat Ballou* im Kino gesehen haben – im Gedicht wird sie zum blinden Fleck, der, wie sollte es auch anders sein, für Unruhe, für Unsicherheit sorgt. Und damit ist Helmut Salzinger nicht allein.

An alle ausgeklinkten Gazetten-Leser: Gazetten gehören nicht ins Gedicht. Jane Fonda gehört nicht ins Gedicht. Ezra Pound gehört nicht ins Gedicht. Die Beatles gehören nicht ins Gedicht. Céline gehört nicht ins Gedicht. »Eines jedenfalls steht fest«, resümiert Helmut Salzinger: »Der ›Tod durch Musen‹ ist qualvoll.«

1972 wird er unter dem Titel *Rock Power* ein Werk veröffentlichen, das der Kölner Freejazz-Kritiker Felix Klopotek so charakterisiert: »Das Buch ist ein enorm schwindelig machendes Gebräu, gegoren aus Tausenden von nicht gekennzeichneten Zitaten: Songtexten, Plattenrezensionen, Ausschnitten aus zeitgenössischen Reportagen, Interviews mit Rockstars, Samples von Marx, Marcuse, Walter Benjamin oder dem Black-Power-Literaten Amiri Baraka.« – Durchaus möglich, dass er *Tod durch Musen* noch einmal eingehender studiert hat, nachdem seine Rezension geschrieben war.

Ein halbes Jahrhundert später, da der größte Teil der alphabetisierten Menschheit – anders als Helmut Salzinger und seine Zeitgenossen – auch eine Populärkultur-, Musik- und Kunst-Alphabetisierung genossen hat, da jeder seinen Joseph Beuys, seinen John Cage und meinetwegen auch seinen Circus Halli-Galli und seine Daniela Katzenberger kennt, stellt *Tod durch Musen* noch immer einen ungehobenen Schatz dar. Wer wollte Helmut Salzinger einen Vorwurf machen – schließlich traut sich bis heute nicht einmal die Germanistik so recht an dieses Meisterwerk heran.

Rosen, Goethe, Urlaubsstimmung: Sollten heutige Leser der Auffassung sein, mehr habe einfach nicht Platz in einem Gedicht, wäre ich der erste, der Verständnis aufbrächte, wenn sie Gedichte für alle Zeit links liegenlassen würden. Gedichte wären eine ziemlich fade Angelegenheit: Unterkomplexität als Waffe gegen eine als überkomplex empfundene Welt, sonst nichts.

Ich glaube allerdings, um Wissen, Bücherwissen, Bildungsgut geht es beim Lesen von Gedichten so wenig wie darum, mit Botschaften vertraut zu sein, die in Magdeburg auf Jogginghosen und T-Shirts verbreitet werden. Wer den Inhalt seines eigenen Kühlschranks nicht wiedererkennen mag, nur weil der in ein Gedicht gewandert ist, ja, wer schon ein zwischen Quengelzone und Migränebalken gefangenes, in der Kassenschlange unmittelbar vor ihm stehendes lyrisches Ich als blinden Fleck erlebt, der steckt tatsächlich tief in Schwierigkeiten.

Vielleicht mangelt es demjenigen, der sich beklagt, Gedichte seien unzugänglich, seien eine in sich geschlossene Welt, am Ende nicht lediglich am Gespür für Gedichte, sondern an Gespür für die Welt.

Also bitte, bitte nie wieder von ›schwerer Kost‹ reden, wenn es um Gedichte geht. Sonst bleibt uns allen irgendwann tatsächlich nur noch die Wahl zwischen TOTAL WAR IS COMING und Schmackofatz.

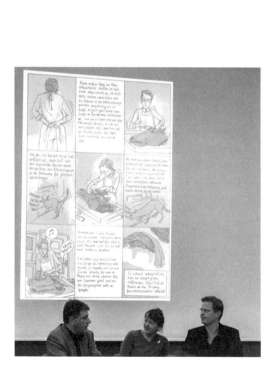

MARCEL BEYER IM GESPRÄCH MIT DER COMICZEICHNERIN
ULLI LUST ROMAN IN SPRECHBLASEN
MODERATION: STEFAN BÖRNCHEN. KÖLN, 3. NOVEMBER 2015

STEFAN BÖRNCHEN: Die Kölner TransLit-Professur reflektiert die vielfältigen Möglichkeiten der medialen Adaption von literarischen Texten und will den interdisziplinären Dialog. Nun könnte man sagen, alles sei eigentlich immer schon Adaption. Auch Marcel Beyers Roman *Flughunde* ist Adaption. Er ist Adaption von Historie, aber auch von mehr oder weniger literarischen Texten wie zum Beispiel von Goebbels Tagebüchern, die auf der Widmungsseite zitiert werden. Rainer Maria Rilke ist darin mit dem *Ur-Geräusch* ebenso präsent wie der Medientheoretiker Friedrich Kittler. Die Frage ist, wie Sie, Herr Beyer, zu Ihren Texten und Prätexten gekommen sind, wie Sie, Frau Lust, zum Roman von Marcel Beyer, Ihrem zentralen Prätext gefunden haben, aber auch zu Bildvorlagen und zu den historischen Details. Dies ist im Grunde genommen eine alte Frage, wie sie schon Freud einmal in seinem Essay *Der Dichter und das Phantasieren* formuliert hat, in dem er schreibt: »Uns Laien hat es immer mächtig gereizt zu wissen, woher diese merkwürdige Persönlichkeit, der Dichter, seine Stoffe nimmt.« Woher kommt, was Eingang gefunden hat in Ihre Texte?

MARCEL BEYER: Das *Ur-Geräusch* von Rainer Maria Rilke haben wir in der Schule gelesen, und dieser Text ist mir immer im Hinterkopf geblieben. Als ich dann anfing, an *Flughunde* zu arbeiten, Anfang der 1990er Jahre, gab es gar nicht so viel Literatur, die die Verknüpfung von Sinn, Akustik und Körperlichkeit aufgriff.

Akustisches Material aus dem Nationalsozialismus wurde unter rhetorischen Gesichtspunkten untersucht, nicht aber auf seine akustischen Qualitäten hin. Ohnehin war es noch eine ziemlich heikle Angelegenheit, von einer Ästhetik des Nationalsozialismus zu sprechen – sie in den Blick zu nehmen, war dann erst mal Aufgabe von Kunsthistorikern. Damit blieb nicht nur alles auf die Optik ausgerichtet, auch die technischen Medien waren, könnte man sagen, der blinde Fleck. Die Nationalsozialisten selbst dagegen wussten sehr genau um die Wirkmacht der Kunstformen des 20. Jahrhunderts, die eben auf technischen Medien beruhen. Einen Joseph Goebbels hat es überhaupt nicht interessiert, ob Arno Breker jetzt noch irgendwo ein Figürchen in die Landschaft stellt, Goebbels hat in seinem Heimkino Hollywoodfilme angeschaut.

Heute ist uns das allen klar, aber vor dreißig Jahren gab es zu diesen Fragen vielleicht eine Handvoll Publikationen. Und selbst dort, wo der Nationalsozialismus mit seiner Medien-Modernität vor aller Welt geprotzt hat, konnten die Wissenschaften nur eine krude Mischung aus Neoklassizismus und Propaganda wahrnehmen. Als ich für die Eröffnungsszene von *Flughunde* ein Stadion mit riesiger, ausgeklügelter Beschallungsanlage erfand, wurde ich beschimpft, nach dem Muster: Wer sich hinsichtlich des Nationalsozialismus derartige Frechheiten herausnimmt, muss ja selbst ein Nazi sein. Wobei die Frechheit in meiner Imaginationsarbeit bestand.

Im Blick zurück zeigt sich nun allerdings, dass ich, überspitzt gesagt, erfinden musste, was man uns verschwieg, uns Nachgeborenen. Im Olympia-Film von Leni Riefenstahl sieht man merkwürdige, hohe, pilzartige Gebilde stehen, die zuerst an Sirenen erinnern, aber Sirenen haben in einem Olympiastadion nichts zu suchen. Erst kürzlich, vor etwa fünf Jahren, hat jemand über die akustische Ausstattung des Stadions geforscht und herausgefunden, dass bei Leni Riefenstahl tatsächlich etwas zu sehen ist, was ich erfunden zu haben glaubte, nämlich Lautsprecher, die den Schall des Publikums wieder auf das Publikum zurückwerfen. So etwas wurde tatsächlich gemacht! Und man wollte es aller Welt vorführen, wollte der ganzen Welt zeigen, dass man etwa in Sachen Massenveranstaltung nicht nur mithalten konnte, sondern alle anderen längst überholt hatte.

Die systematische Recherche zu *Flughunde* erschöpfte sich darin, dass ich ein Buch namens *Kampf im Äther* studierte. Darin geht es um Radio in den 1920er und 1930er Jahren. Im Laufe der Arbeit haben sich dann aber viele tolle Zufallsfunde ergeben, die ich gebrauchen konnte. Zum Beispiel recherchierte ich mal hier in der Universitätsbibliothek zum »Sturm«-Expressionisten und Rezitator Rudolf Blümner. Ich stieß aber lediglich auf Karteikärtchen mit dem Namen Rudolf Blümel, der, wie sich herausstellte, Schüler eines gewissen Eduard Sievers gewesen war. Dieser wiederum war der Vertreter einer Richtung der Germanistik, die offenbar sehr von Rhythmischer Sportgymnastik angetan war und Gedichte tanzte – ein heute weitgehend vergessener Zweig der Philologie an der Wende vom 19. zum 20. Jahrhundert. Eduard Sievers hat dann in *Flughunde* einen Auftritt bei einer Tagung im Hygiene-Museum in Dresden. Er erklärt dort, dass Schiller-Gedichte rechtsdrehend sind und Goethe-Gedichte linksdrehend und von welcher Armbewegung begleitet sie korrekt zu rezitieren sind. Mein Sievers ist allerdings ein Zombie, denn Anfang der 1940er Jahre war der echte Sievers schon eine ganze Weile tot.

ULLI LUST: Ich finde den Gedanken, dass alles Adaption ist, schön, weil ich tatsächlich immer etwas in meinen Arbeiten adaptiere.

Ich mache dokumentarische Comics, und *Flughunde* war meine erste Literaturadaption. Aber ich trat dabei mit derselben Erzählhaltung an wie bei einer Comicreportage, und dabei gehe ich folgendermaßen vor: Ich gehe zum Beispiel irgendwo in ein Einkaufszentrum, recherchiere dort ein paar Wochen, betrachte alles, schreibe viel auf, und am Ende ergibt sich eine konzentrierte Nacherzählung dessen, was ich erlebt habe oder was mir wichtig ist. Bei der Romanadaption habe ich es ähnlich gemacht. Allerdings habe ich mich gefreut, dass mir ein so ausgezeichneter Text für die Sprechblasen und die Textblöcke zur Verfügung stand. Die Realität und die Dialoge, denen man auf der Straße lauscht, sind selten so gut.

SB: Herr Beyer, Sie haben gerade so geantwortet, als ob sich manches zufällig ergäbe. Ein Buchstabendreher führt sie beispielsweise zu einem Themenfeld, das im Roman ausbuchstabiert wird. Heißt das eigentlich, dass die gesamte Forschung zu ihren Texten – und es gibt eine Menge Forschung – ein einziger Rückschaufehler ist? Für uns Germanisten stellte es sich nämlich so dar, als wäre dieser Roman ganz klar ein Produkt der 1990er Jahre. Kurz zuvor hatte Friedrich Kittler *Grammophon, Film, Typewriter* geschrieben und darin auch auf *Ur-Geräusch* und die Kronennaht-Geschichte hingewiesen. Jetzt sagen Sie aber, dass Sie diesen Rilke-Text aus der Schule kennen. Zur Zeugenschaft wiederum hat etwa Derrida in den 1980er und 1990er Jahren geschrieben, als die Zeitzeugen der NS-Gräuel auszusterben begannen. Philosophie, Alteritätsdenken, Memoria-Fragen, Medientheorie und ihr Roman – es hätte alles so unglaublich gut zusammengepasst, wie die Forschung es konstruiert hat ...

MB: Das ist alles ja auch gar nicht falsch, denn schließlich handelt es sich um das geistige Milieu, in das ich lesend und studierend hineingewachsen bin. Jacques Derrida, Friedrich Kittler, Aleida und Jan Assmann habe ich während meines Studiums erlebt. Ihre Arbeiten stellten uns Werkzeuge bereit, ich habe diese damals gänzlich neuen Ansätze geatmet, wie meine Mitstudierenden auch. Insofern spielt dies alles in das eigene Schreiben hinein. Man ist Kind seiner Zeit – und wenn in den frühen 1980er Jahren sowohl Friedrich Kittler als auch mein Deutschlehrer auf Rilkes *Ur-Geräusch* aufmerksam wurden, zeigt das vielleicht einfach, dass etwas in der Luft lag, was sich dann in den folgenden Jahren nach und nach in der Herangehensweise an Literatur ausformte.

SB: Und Sie, Frau Lust, wie haben Sie zu Ihrem Thema gefunden? Warum haben Sie sich für diesen Roman entschieden? Sie haben in einem Interview gesagt, dass der Suhrkamp Verlag mit dem Wunsch an Sie herangetreten sei, einen Roman als Graphic Novel zu adaptieren. Sie hatten eine sehr große Auswahl, wenn Sie aus dem gesamten Suhrkamp-Sortiment wählen konnten. Sie haben gerade gesagt, dass sie viele Reportagen gemacht haben. Was hat Sie an diesem Roman so sehr gereizt, dass Sie den Schritt zur Fiktion gehen wollten?

UL: Ich finde historische Erzählungen sehr reizvoll, und die Struktur dieses Buches hat mich fasziniert. Ich mochte die verschiedenen Figuren, wobei ich eine größere Innigkeit für Helga Goebbels empfunden habe als für den Toningenieur, deswegen hat sie auch ein bisschen mehr Gewicht im Comic. Und ich hatte noch ein paar andere Entscheidungsparameter: Das Buch sollte an einem Ort spielen, den ich kenne, und in einem mir bekannten

Szenario. Ich wollte zum Beispiel keinen südamerikanischen Autor nehmen, dessen Romane in Brasilien spielen, weil ich dazu keine Bilder vor Augen habe. Berlin und Berliner Historie sind mir vertraut, auch weil ich schon früher einen Comic gezeichnet habe mit Schulaufsätzen von Berliner Kindern aus dem Jahr 1945. Ein Deutschlehrer hat damals Kinder gebeten, Aufsätze über ihre Bombennächte zu verfassen, und den Tonfall dieser Schulaufsätze habe ich in *Flughunde* wiedergefunden, das hielt ich für einen faszinierenden Kontrast. Diese Unschuld der Kinder im Angesicht eines grausamen, schrecklichen Alltags, der für sie Normalität war, weil sie keine andere Lebenserfahrung hatten und für sie Krieg alltäglich war. Wobei die Goebbels-Kinder in einer seltsamen Blase gelebt haben, sie haben vom Krieg nur über ihre Eltern erfahren.

Ich habe übrigens in der Zeitung kürzlich ein Interview gelesen – ein weiterer Punkt, bei dem du, Marcel, etwas erfunden hast, das nachträglich von der Realität bestätigt wurde –, ich habe also ein Interview gelesen mit der jüngsten Tochter des KZ-Kommandanten in Auschwitz, Rudolf Höß. Diese Tochter hat davon erzählt, wie sie in einem Häuschen neben dem Lager wohnten und ihr Kindermädchen baten, ihnen gelbe Sterne zu nähen, damit sie »Lagerinsasse und Wärter« spielen konnten. Irgendwann kam die Mutter und schimpfte sie wegen dieses »Spiels« furchtbar aus, weil es unrecht sei, obwohl ihr Mann von Beruf das KZ kommandierte und sie darin nichts Unehrenhaftes sah.

MB: Die Kinder durften nicht sehen, was sie sahen. Während Vater und Mutter vermutlich davon überzeugt waren, der Menschheit einen Dienst zu erweisen, indem sie an der Vernichtung der Juden mitarbeiteten. »Wenn du die Wirklichkeit zur Kenntnis nimmst, bekommst du Schläge« – vielleicht erklärt das ein bisschen, warum selbst Menschen, die während des Nationalsozialismus noch Kinder waren, nach 1945 die Realität verdrängt haben.

UL: Vielleicht hast du recht.

MB: Ich wollte noch mal zu Eduard Sievers zurück, zu jenem Germanisten, der in *Flughunde* einen Vortrag hält, als Figur in einem fiktionalen Text, viele Jahre nach dem Tod seines realen Pendants. Es gab nämlich eine Besprechung der Graphic Novel, in der hervorgehoben wurde, Ulli Lust habe so gut recherchiert, dass sogar die Figur des Eduard Sievers richtig getroffen sei. Da ist mir klar geworden, dass sich unser Bedürfnis nach Bildern in den letzten fünfundzwanzig Jahren enorm verändert hat. Dass heute überhaupt Fotos von Germanisten aus den 1910er Jahren im Internet zu finden sind, ist an sich schon verrückt. Wer braucht die denn?

Als dieser Roman vor zwanzig Jahren erschien, wäre noch niemand auf die Idee gekommen, nach einem Foto von einzelnen Figuren zu suchen und zu überprüfen, ob sie wirklich so ausgesehen haben. Nicht nur die Präsenz, sondern auch die Vehemenz, mit der tatsächliche Bilder unseren imaginierten Bildern heute Kontra bieten, ist enorm. Als ich schrieb, stieß ich darauf, dass Anfang der 1940er Jahre in Deutschland das tragbare Tonbandgerät erfunden wurde. Nun ist tragbar zwar relativ, aber es kümmerte mich dennoch nicht, wie viele Leute exakt zum Tragen dieses Geräts vonnöten waren. Ich ließ einfach meinen Hermann Karnau mit einem tragbaren Tonbandgerät an die Front marschieren, es dort irgendwo positionieren und seine Aufnahmen machen.

UL: Das war eine Szene, über die ich geflucht habe. Für mich war es extrem schwierig, das glaubwürdig darzustellen: Wie ist es möglich, dass jemand heimlich Mikrofone auf dem Schlachtfeld aufstellt? Dafür sind doch Kabel nötig, die müsste doch irgendjemand bemerken?

MB: Daran siehst du, dass man Bilder anders betrachtet. Deine Graphic Novel ist wirklich ein Kunstwerk, und sie ist nicht so hyperrealistisch gezeichnet, dass auffallen könnte: »Da sind ja nur drei Schräubchen befestigt, in Wirklichkeit sind es doch aber fünf.« Und was würde das auch für einen Unterschied machen? Wäre das ein Schnitzer oder wäre das bedeutungsvoll?

Dass die Glaubwürdigkeit eines bildkünstlerischen Werks so stark an der Faktizität gemessen wird, war vor fünfundzwanzig Jahren noch nicht der Fall, würde ich sagen. In der Literatur, die aus Sprache besteht, ist das heute noch nicht so. Offenbar bauen wir uns aber Bilder und Szenerien im Kopf, während wir durch die Zeilen gleiten, und offenbar sind wir in der Lage, ganz viele Momente, auch widersprüchliche oder abstrakte, die eine Suggestivkraft haben, alle als integrales Bild zu montieren, ohne dass wir uns jedes Detail genau vergegenwärtigen. Ob Karnau dort wirklich mit Kabelrollen und Mikrofonen über das Schlachtfeld läuft, während die Einschläge niedergehen, ist unbedeutend. Er sagt, dass er die Mikrofone da positioniert hat und dass er jetzt seine Aufnahmen macht, und wir glauben ihm, sind ihm in diesem Moment offenbar sehr nahe, obwohl im ganzen Roman keine Figur »ich« sagt – das heißt, die Figuren sagen »ich«, aber trotzdem schauen wir von außen auf sie. Dass eine Figur in einem Roman sagt: »Ich habe dies gemacht, ich habe das gemacht ...«, hat eine derart starke vertrauensbildende Wirkung auf den Leser, dass er das Gesagte hinnimmt. Eine Figur kann im Roman die sonderbarsten Dinge tun, aber offenbar funktioniert das wiederum beim Comiclesen und -zeichnen anders.

UL: Vielleicht gibt es Entsprechungen. Aber solche Dinge wie die Kabelrollen muss ich zeichnen. An anderen Stellen kann ich bluffen.

SB: Ist das, was Sie beschreiben, ein Google- und Wikipedia-Problem? Muss, wer heute mit historischen Stoffen arbeitet, jedes Detail im Internet recherchieren und durch eine Suchmaschine jagen? Sie hatten gesagt, vor fünfundzwanzig Jahren wurde Glaubwürdigkeit nicht so an Faktizität gemessen. Der Abgleich war ja auch erheblich aufwändiger. Jemand hätte sich die Mühe machen müssen, in ein Archiv zu gehen und dort Zettelkataloge zu wälzen. Hat die Tatsache, dass eine Haarfarbe mal eben online überprüft werden kann, einen Einfluss auf die Art, wie Sie Historisches beschreiben und mit Details umgehen? Oder könnte man sagen, dass es nach wie vor auch in diesen Fragen dichterische Freiheit gibt? Vielleicht berührt die Frage auch, was Germanisten »unzuverlässiges Erzählen« nennen. Germanisten interpretieren Inkonsistenzen ja gern als spezifische Faktur eines Textes, was größeren Spielraum lässt.

MB: Es bleibt Ihnen doch gar nichts anderes übrig. Die Germanistik ist eine Maschinerie, die Kohärenz herstellt. Nehmen wir beispielsweise an, da fährt in einem Roman 1940 ein deutscher Panzer Richtung Paris, der tatsächlich erst 1944 gebaut wurde. Da ist für den Germanisten die Versuchung groß, dort Bedeutung hineinzulegen, wo vielleicht nur ein grober Schnitzer zugrunde liegt.

SB: Germanisten und Journalisten freuen sich eben, wenn sie etwas in Texten finden, was sie wiedererkennen.

MB: Man darf halt nur nicht traurig sein, wenn man sich dabei täuscht. Denn dieses Wiedererkennen beruht ja selbst auf medialer Vermittlung, wo es um Historisches geht. Insofern gleicht man Medien mit Medien ab, nicht Wirklichkeit mit Fiktion. Und da, würde ich sagen, hat die Literatur die Möglichkeit, sich gegen diesen ganzen Fernseh-History-Unsinn zu stemmen, ihn zu unterlaufen. Dort gilt das Gesetz: Alles, wovon es keine historischen Bilder gibt, müssen wir eben so nachspielen, wie es gewesen sein könnte. Und schwupps zwirbelt man eine sentimentale Liebesgeschichte in die Sache rein.

UL: Ich glaube auch, dass es im Nachhinein sehr einfach ist, Kausalketten herzustellen. Die Aufgabe eines kreativen kunstschaffenden Menschen ist es aber, über Intuition und allerlei Funde plötzlich zu etwas zu gelangen und dieses Etwas abheben zu lassen, um plötzlich eine merkwürdige Szenenhaftigkeit zu erreichen, ohne das unbedingt geplant zu haben. Oft ist der Künstler einfach ein Beschenkter. Er ist neugierig und nimmt alles mit, und plötzlich fängt das Ganze zu leben an. Erst im Nachhinein kommt der Theoretiker und findet viele Gründe für diese Entwicklung.

SB: Wir haben über die Adaption gesprochen. Vor der Frage der Adaption steht die Frage nach der Gattung, die adaptiert wird, und nach ihren Eigenarten, ihren technischen Möglichkeiten, ihrer Materialität. Der Comic wiederum ist ein Genre, das von ostentativer Materialität ist. Ob ein Bild schwarz-weiß ist oder bunt, klein oder groß, ob auf einer Seite viel oder wenig Weißraum verbleibt, all das springt ins Auge. Die Literatur aber hat auch ihre Materialität. Worin sehen Sie das spezifisch Materielle Ihres Genres, und wie gehen Sie damit um? Frau Lust: Wenn ich Ihre *Flughunde* lese, frage ich mich manchmal, welches Papier verwendet und ob es mit Wasserfarbe eingefärbt wurde. Man ahnt etwas Bütten- oder Japanpapierstruktur, vielleicht ist das aber auch nur Einbildung. Wie arbeiten Sie genau? Mit Blei-, mit Filzstiften? Es gibt manchmal mit dem Lineal gezogene Linien, die fremd wirken im Vergleich zu den freihändig gezogenen. Es gibt ja Comic-Künstler, die so etwas gar nicht machen, die alles freihändig zeichnen. Wie steht es mit solchen technischen Details bei Ihren Comics? Können Sie sagen, wie Sie an eine Seite herangehen?

Abb. 1: Erste Skizzen zu **Flughunde**. © Ulli Lust.

UL: Ich fange mit Skizzen an. Dafür stelle ich mir das Bild und die Atmosphäre vor, die ich benötige, und frage mich, was das Wichtigste an dieser Szene ist. Dann mache ich Storyboards, das heißt ich skizziere die Szene, anschließend mache ich eine genauere Reinzeichnung, dann wird diese Reinzeichnung durchgepaust, und dann kommt auf einer zweiten Ebene die Farbe hinzu. Die Farbe wird noch mal am Computer überarbeitet, und so verfahre ich über dreihundertsechzig Seiten.

Abb. 2: Cyan und Magenta ›analog‹ gemischt. © Ulli Lust.

sb: Ist das Wasserfarbe, die Sie nutzen?

ul: Nein. Beziehungsweise es ist Wasserfarbe, aber eigentlich sind es nur zwei Farben, Cyan und Magenta, die ich im Computer in einzelne andere Farben verändere. Das ist das technische Verfahren. Ich mische die Farben vorab auf einem extra Blatt, scanne sie ein und lege sie am Rechner übereinander. Dann komponiere ich die Farben nachträglich, je nach Stimmung.

sb: Welche Medien benutzen sie, die man anfassen kann? Man stellt sich das Comic-Zeichnen doch so romantisch vor, mit Farbklecksen auf dem Holztisch und bunten Fingern.

ul: Ich habe tatsächlich einen sehr schmutzigen Zeichentisch. Ich verwende Bleistift für die Vorzeichnung und dann Aquarell, also blaue und pinkfarbene Tusche, und verändere anschließend die Farben. Blau und Pink sind die zwei gegensätzlichsten Farben, und ich kann sie am Computer leicht trennen. Aber das ist jetzt wirklich nur für Künstler interessant, eine sehr technische Angelegenheit. Entscheidend ist, dass ich analoge Farben benutze, die zum Schluss am Computer zusammengesetzt werden.

sb: Es gibt diese Linien, die in der Farbe rau und geradezu brutal reißend wirken. Sind die mit Tusche gezogen?

ul: Eigentlich sind alle Linien mit Bleistift gezogen. Man kann einiges herausholen aus so einer Linie. Sie hat ganz viele Qualitäten, und je nachdem, welche ich benötige, wende ich sie an. Die Linie ist wie eine Stimme oder ein Instrument. Ich kann sie laut und leise machen. Bleistift ist recht wandelbar.

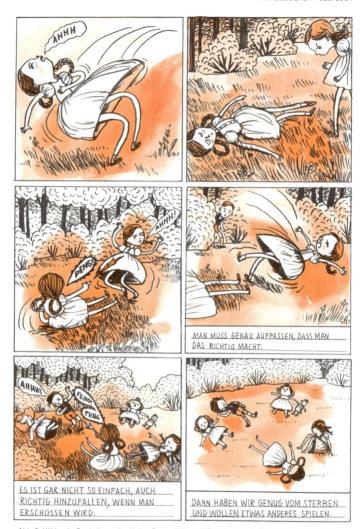

Abb. 3: Ulli Lusts Gestaltung der Helga-Perspektive mit Einzelpanels in **Flughunde**. © Ulli Lust.

Abb. 4: Ulli Lusts Gestaltung der Karnau-Perspektive mit Gitterraster in Flughunde. © Ulli Lust.

Abb. 5: Die Figur Karnau in der Graphic Novel Flughunde. © Ulli Lust.

sb: Noch eine weitere Frage zu den Linien: Gibt es Kriterien dafür, wann sie mit Lineal exakte Linien ziehen und wann sie freihändig arbeiten? Und warum ziehen sie die Panelrahmen, wie die meisten Comic-Künstler, überhaupt per Hand und nicht am Computer?

ul: Es würde nicht so gut aussehen, wenn ich sie mit dem Computer zeichnete, weil dann die Eigenheit fehlt. Wenn ich Striche mit einem analogen Werkzeug zeichne, sind diese Striche in ihren Einzelheiten wie Schneeflocken immer unterschiedlich. Keine zwei sind identisch. Im Computer kann man nur Dinge wiederholen, die man schon einmal gemacht hat, und wenn ich etwas analog, mit Pinsel oder Bleistift mache, dann ist das in jeder Phase seiner Existenz unterschiedlich, und es ergibt sich eine Vielfalt.

mb: Das Arbeiten bei mir geht natürlich anders vonstatten. Ich erinnere mich, dass ich 1992 in Berlin im Zoologischen Garten und dort im Nachttierkeller war und mir die Flughunde anschaute. Einer lag auf dem Boden, was etwas ganz Ungewöhnliches ist. Ich wollte ihn schnell abzeichnen, wie der da lag – und ich hatte ihn nun wirklich ganz ruhig vor Augen –, aber es kam völliger Mist dabei heraus. Unter der Skizze notierte ich mir zwei, drei Worte und hatte damit das Bild von dem liegenden Tier viel präziser vor Augen. An diesem Tag schwor ich mir, nie wieder zu zeichnen. Peter Handke beherrscht das sehr gut in seinen Notizbüchern, auch diesen raschen Wechsel: Er schreibt, dann sieht er was und skizziert es, dann wird weiter notiert.

Meine geschriebenen Notizen sind vielleicht mit den Skizzen von Ulli Lust verwandt. Man nimmt wahr und hat plötzlich das Bedürfnis, gewissermaßen Welt mitzuschreiben oder mitzuzeichnen. Ich glaube, dass Comic und geschriebener Text von ganz ähnlichen Momenten leben und mit ganz ähnlichen Momenten arbeiten. Wie schafft man einen Rhythmus, wie schafft man den Übergang von einer Perspektive zur anderen? Ich finde es großartig in Ulli Lusts *Flughunde,* dass die Perspektive von Helga und den Kindern aus voneinander getrennten Einzelpanels mit weißem Rand oder weißem Hintergrund dazwischen besteht, während aus Karnaus Perspektive im Gitterraster erzählt wird. Abb. 3 und Abb. 4 → S. 62–63

UL: Bei den Kinderszenen hier gibt es ein sehr ordentliches Raster, sechs Panels pro Seite, immer gleich groß mit weißem Zwischenraum. Und wenn Herr Karnau erzählt, dann gibt es keine Zwischenräume. Es herrscht mehr Chaos, es ist nicht so schnell zu entziffern, es ist komplexer. Das spiegelt ein bisschen seine Persönlichkeit.

MB: Diesen Unterschied erkennt der Comic-Leser. Er übt ihn ein und begreift, wenn auch nicht unbedingt bewusst, wo die Perspektive wechselt. Der Leser merkt auf diese Weise zweifelsfrei: »Jetzt ist Helga wieder dran.« Im Roman erreiche ich so etwas über die Satzstruktur.

Es gibt nur deshalb diese äußerst komplexen Satzstrukturen bei Hermann Karnau, damit ich nicht betont kindliche Satzstrukturen für die Helga-Perspektive verwenden muss. Helga soll ihre komplexen Wahrnehmungen, soll ihr differenziertes Gespür ausdrücken können, darum setze ich ihre grammatikalischen Möglichkeiten hoch an. Um so höher muss ich Karnaus Möglichkeiten ansetzen, mit Nebensätzen, Einschüben und so weiter. So ergibt sich im Roman ein hoch künstliches, hoch artifizielles Grundgeräusch, auch weil der Leser ja nicht Ton, also sprechende Figuren, sondern Schrift verfolgt.

In der Graphic Novel gibt es auch beispielsweise eine Seite, auf der taucht nur ein einziges Wort auf: »Holde«. Das wird wie verweht in eine Nebellandschaft gerufen, und sonst ist die Seite ausschließlich mit nichtsprachlichen Elementen gestaltet. Das entspricht im Roman einer Passage, die von Nichtsprachlichem handelt, zum Beispiel einer Landschaftsbeschreibung. Karnau greift häufig zum Mittel der Landschaftsbeschreibung, aber nicht, um Landschaft, sondern um andere Szenerien zu beschreiben. So nutzen wir unterschiedliche Mittel, um etwas zu beschleunigen, zu verlangsamen, abzubremsen, um etwas zerflattern zu lassen oder ein Chaos zu schaffen. Aber ich glaube, die Momente sind ähnlich, und die ungeheure Übersetzungsarbeit von einem Medium ins andere musste nicht ich leisten, die hat Ulli Lust übernommen.

SB: Jetzt sind wir mitten in der poetologischen Selbstreflexion angelangt. Herr Beyer: Hat sich Ihr Blick auf Ihren eigenen Roman durch diese Adaption verändert? Hier haben wir ein schönes Beispiel, diese merkwürdige Szene (Abb.5 → S.64), in der Karnau auf einmal so papieren wirkt, zweidimensional, leer, eine zurechtgestutzte, ausgeschnittene Figur. Wie ändert sich dadurch Ihr Blick auf Ihren Roman? Umgekehrt an Sie, Frau Lust, die Frage, wie Sie umgegangen sind mit der Selbstreflexion, die der Roman betreibt. Spätestens wenn man Ihren Text gelesen und betrachtet hat, denkt man, dass der Roman geradezu angelegt war auf diese Adaption, weil zum Beispiel so viel über Farbe gesprochen wird. Denn es geht permanent um die Frage, wie sich Ton materialisiert: zum Beispiel in Form der Schallplatte, bei der es wiederum wichtig ist, dass sie schwarz ist. Die Schallplatte wird genarbt, geritzt, in die Platten wird hineingegraben –

»graphein« ist das griechische Wort für »graben« und »schreiben«, das Werkzeug dazu ist der Griffel oder Stilus. All das wird thematisiert. Es gibt dieses Panel, in dem Sie die Platte zeigen und dann die Zutaten, also die Schildlaus, die den Schellack gibt, und auch die schwarze Farbe. Aber diese ganze Reflexionsschicht ist bereits im Roman enthalten. Macht es das nicht umso schwerer, solch einen Roman zu adaptieren, der schon selbst vorauseilend die Möglichkeiten seiner Rezeption oder Adaption thematisiert?

MB: Es ist einfach so im Deutschen – ich weiß nicht, ob es in allen Sprachen oder Kulturen so ist –, dass wir akustische Differenzierungen über optische Metaphern herstellen. So sprechen wir beispielsweise von einer hellen oder von einer dunklen Stimme. Damit habe ich gearbeitet und habe dann wiederum, auch weil sich meine Hauptfigur über das Gehör definiert, also wenig Wert auf gute Lichtverhältnisse legt, viele Szenen im Dunkeln oder im Dämmerlicht angelegt, wo der Mensch das Farbspektrum gar nicht mehr wahrnimmt. Wodurch ich für eine graue Grundstimmung sorgte und aus diesem Grau immer wieder einzelne Farben hervorstechen lassen konnte. So kommen etwa Menschenversuche im Roman vor, bei denen Blut fließt, also konnte ich rote Spuren auf grau-schwarzen Grund legen. Schwarz wiederum galt als edel, deswegen wurde entschieden, Schallplatten eine schwarze Farbe zu geben, man hat Ruß beigemischt. Wenn ich merke, dass es ein solches bestimmtes Farbmuster gibt, das aber für den Leser gar nicht bewusst wahrnehmbar sein muss, hilft mir das beim Schreiben. Ich könnte mir vorstellen, dass Ulli da zunächst ungemein entrümpeln musste, um dann wieder neu aufzubauen. Denn es gibt andererseits in der Comicversion ganz viel zu sehen, über das ich nie nachgedacht habe. Da kommt zum Beispiel eine kurze Szene vor, in der sich Karnau in einem Büro befindet und ein Mann auf ihn einredet. Dort steht eine Statue hinten neben dem Bücherregal, es gibt überhaupt Bücher in diesem Büro. Das sind alles Dinge, über die ich mir nie Gedanken gemacht habe, die aber natürlich im Comic etwas erzählen, nämlich etwas über diese Figur im Büro. Dieses Interieur und auch diese Accessoires, mit denen die Figur ausgestattet ist, die sind für mich alle neu, das ist wirkliche Interpretation.

UL: Diese Bildhaftigkeit des Romans hat mich sicherlich angeregt, war aber nicht der Grund, weswegen ich mich für die Arbeit entschieden habe, denn ich habe bereits erwähnt: Es war das Thema, und es waren die Figuren, die ich spannend fand. Ich dachte, dass ich dem noch etwas hinzufügen kann. Allerdings war mir klar, dass dieses Buch nicht schwarz-weiß gezeichnet werden könnte, denn selbst, wenn es immer im Düsteren spielt oder im Zwielicht, muss dieses Zwielicht eine gewisse Farbigkeit haben, die immer ein bisschen changiert.

Mein Fazit ist allerdings, dass ich wahrscheinlich keinen Roman mehr adaptieren werde, weil man darunter leidet, so viele Dinge rausschmeißen zu müssen. Der Comic braucht sehr viel mehr Platz als das geschriebene Wort. Landschaften kann ich zwar in einem Panel realisieren, weil man sie intuitiv erfasst, aber im Großen und Ganzen braucht man für den Comic mehr Platz. Ich hätte, um die gesamten *Flughunde* eins zu eins im Comic zu adaptieren, wahrscheinlich fünftausend Seiten gebraucht. Ich musste also irrsinnig viel weglassen, und das schmerzt.

MB: Und du hättest bei fünftausend Seiten auch einen anderen Rhythmus und andere dramaturgische Bögen aufbauen müssen.

UL: Allerdings will ohnehin niemand so einen Ziegelstein, ein Buch von fünftausend Seiten, in der Hand halten.

MB: Man könnte sich Fortsetzungen denken, jedes Jahr hundert Seiten ... Aber dennoch bliebe die Frage: Würdest du dann den großen Bogen schaffen, der sich über alle kleinen Bogen, vom Anfang bis zum Ende, wölbt? Oder würdest du es wie bei den Fernsehserien realisieren, die immer weiter und weiter gehen könnten? Das würde eigentlich ein anderes optisches Erzählen erfordern. Dann würdest du, glaube ich, wie im Manga viel eher dazu tendieren, schablonenhaft zu arbeiten.

UL: Nein, das müsste ich nicht. Aber ich würde viel langsamer erzählen, und ich könnte die Blickwechsel immer miterzählen, die du im Text ganz schnell mit zwei Wörtern beschreibst. Im Manga gibt es das auch. Manga ist viel langsamer erzählt als der europäische oder der amerikanische Comic.

Große Probleme haben mir kleine Gesten bereitet: Schulterzucken zum Beispiel ist schwierig im Comic darzustellen. Wie kann ich das kaum Wahrnehmbare zeigen? Andererseits habe ich im Bild den Vorteil, dass der Leser das, was ich ihm zeige, sofort erfasst. Er muss es sich nicht erst wie das Geschriebene verbildlichen. Allerdings ist dafür eine gewisse visuelle Intelligenz erforderlich. Ich kann nicht voraussetzen, dass jeder Mensch, der das Bild betrachtet, alles entdeckt, was ich ihm präsentiere. Während ein Autor schreiben kann: »Dieser Ast hat diese bestimmte Eigenschaft«, kann ich das zwar zeigen, aber ich kann nicht immer davon ausgehen, dass es der Leser auch bemerkt. Ich muss mich leider darauf verlassen, dass die Bildbetrachter und Leser aufmerksam sind. Es ist schwieriger, so präzise zu sein, dass die Präzision auch wahrgenommen wird.

MB: Ich finde beneidenswert, wie du Dinge so arrangieren kannst, dass sie ihre eigene kleine Geschichte zu erzählen scheinen. Ganz unaufdringlich im Hintergrund. Der Leser versucht natürlich zunächst die Figurenkonstellationen zu erfassen, dann liest er den Text dazu, und dabei wandern kleine Dinge durch das Zimmer, ohne dass jemand sie bewegt. Sie führen eine Art Eigenleben. Dieses Eigenleben ist etwas ganz Großartiges. Ich könnte im Text allenfalls dazu schreiben: »Dort hinten gibt es ein Wasserglas, das ein Eigenleben zu führen scheint.« Damit wäre das arme Wasserglas aber schon gestört, weil alle es anglotzen, es wäre gehemmt und würde sich nicht mehr bewegen.

UL: Schön, dass du das sagst. Ich habe bei der Adaption ein perfektes Werk vor mir und habe ständig das Gefühl, dem gerecht werden zu müssen. Es ist einfacher, ein eigenes Werk zu schreiben, weil man das großartige, perfekte Vorbild nicht vor Augen hat, dem man entsprechen muss. Ich habe zwar versucht, etwas Eigenes aus dem Roman zu machen, aber man muss an das herankommen, was bereits da ist, und das ist schwieriger.

SB: Eine Frage noch, bevor wir die Diskussion für das Publikum öffnen. Frau Lust, sie haben jetzt mehrfach die Figuren erwähnt, vor allem Helga. Auf der Startseite ihrer Homepage findet sich ein Bild eines jungen Mädchens – etwa vierzehn bis sechzehn Jahre alt –, das in einer riesigen Muschel sitzt und nach innen in die Muschel hineinschaut. Dieses Mädchen hat einen ganz langen Zopf, der bis zu den Knien reicht. Dieser lange Zopf hat mich an den Zopf erinnert, den Helga trägt und der beim sehr harten Ende auf dem Obduktionstisch eine wichtige Rolle spielt. Sie haben schon gesagt, dass Sie sich der Figur Helgas stärker widmen, als der Roman es tut. Wie funktioniert dabei die Sympathielenkung, und wie ist die emotionale Dramaturgie des Endes? Mein Eindruck war, dass der Comic dem Leser noch mehr zumutet als der Roman. Wie, Frau Lust, ist Ihr Ende angelegt, wie sind Sie mit der Figur Helgas umgegangen, und wie verfahren Sie mit dem Leser, um auf das Ende zuzulaufen? Herr Beyer, wie sehen Sie dieses Ende, und wie ist Ihres angelegt?

MB: Das Ende von Ulli Lust ist auf eine ganz andere Weise eindrücklich. Ich fand es schwer zu lesen, als ich es bekam. Schon damals beim Schreiben dieser letzten Tage der Kinder im Bunker unter der Reichskanzlei war ich froh, dass ich nicht fortlaufend an einem Roman arbeite. Ich konnte zwischendurch an Karnau-Kapiteln schreiben und daran etwas überarbeiten. Ich musste zwischendurch immer wieder weg von dieser Szenerie. Was könnte den Unterschied zwischen Roman und Graphic Novel an diesem Punkt ausmachen? Helga verwendet bei mir während der gesamten Schilderung ihrer letzten Lebenstage, das sind – glaube ich – ungefähr vierzig Seiten, kein einziges Mal das Wort »ich«. Sie spricht im Kollektiv: »wir«, »wir Geschwister«, oder benutzt andere Tricks, die ich ihr beigebracht habe, um die Buchstabenkombination »I-C-H« zu vermeiden. Vielleicht schiebt das einen Filter zwischen Leser und Figur, der in der Graphic Novel nicht existiert.

UL: Vielleicht liegt es weniger an einem grundsätzlichen Unterschied zwischen Text und Bild, sondern wir haben einfach unterschiedliche Erzählhaltungen. Vielleicht tendiere ich mehr dazu, Emotionen zu schüren, wo du einen nüchterneren Tonfall an den Tag legst. Wobei das Bild am Ende natürlich brutal ist. Dem liegt übrigens auch ein Foto zugrunde, das mittlerweile im Internet zu finden ist. Es ist ganz furchtbar. Auf dem Foto ist die tote Helga zu sehen, zusammen mit einem russischen Soldaten, der ihr Haar hochhält, damit sie gut fotografiert werden kann.

MB: Ich habe 1991 angefangen, den Roman zu schreiben, und habe mich nur auf Material beziehen können, das aus dem sogenannten Kalten Krieg stammt. Es gab ein Buch, in dem aus der Obduktionsakte zitiert wurde. Dieses Buch von Lew Besymenski ist nur auf Deutsch erschienen, es gibt keine russische Version davon. Andererseits werden die Obduktionsakten auf Russisch geführt worden sein, denn die Obduktionen wurden natürlich von der Roten Armee durchgeführt. Im Impressum wird dann auch noch der Name eines Übersetzers angeben, der sonst keinerlei Spuren in der Welt des Übersetzens hinterlassen hat. Ich habe diesen so faktisch, nüchtern wirkenden Text also von vornherein mit einer gewissen Skepsis gelesen, Philologenskepsis, auch wenn an den mitgeteilten Tatsachen sicherlich kein Zweifel besteht. Ebenso ging es mir dann mit dem Foto, von dem Ulli eben gesprochen hat. Das Mitschwingen der Skepsis, die sich daraus ergab, dass ich ja wusste, Text und Bild haben ihren genauen Adressaten, nämlich mich, diese Skepsis angesichts einer präzise vorausberechneten Wirkung hat den Umgang mit diesem Material zusätzlich schwierig gemacht. Nicht intellektuell, sondern körperlich.

SB: Ist es schwierig, ein Kind am Ende des Textes umzubringen?

UL: Diese Frage, ob es schwierig ist, eine Vergewaltigung zu zeigen oder einen Mord, wird immer wieder gestellt. Als Künstler empfindet man eine perverse Freude an solchen dramatischen Szenen. Es sind starke Szenen, interessant und spannend zu erzählen, und man will sie unbedingt gut darstellen.

ZUHÖRER 1: Meine Fragen gehen an Sie, Frau Lust, es sind drei kleine. Die erste zielt auf den Prozess, bevor es mit dem Comic wirklich losgeht, denn Sie sagten, dass sie auch unterwegs malen und sich Skizzen machen. Sind die Skizzen gezeichnet oder geschrieben, oder beides?

UL: Beides. Ich schreibe, wenn ich eine eigene Geschichte erzähle, immer einen kurzen Text darüber, was ich gerne darstellen möchte. Dann kommt das Storyboard, und anschließend versuche ich diese kurze Notiz als Szenenfolge aufzuzeichnen. Im Fall von *Flughunde* habe ich aber keinen solchen Text vorab verfasst.

ZUHÖRER 1: Eine weitere Frage zur Graphic Novel: Sie müssen viel weglassen, wie man das auch von Literaturverfilmungen kennt. Man geht in den Kinofilm, zu dem man das Buch schon gelesen hat, und ist eigentlich immer enttäuscht oder denkt sich, dass eine ganz andere Geschichte erzählt wurde. Ihre Zeichnungen füllen aber leere Räume, die im Roman noch gar nicht da waren oder die man als Leser nicht gesehen hat oder nicht lesen konnte. Es gibt manche Seiten, Sie haben eben eine vorgelesen, auf denen verhältnismäßig viel Text steht. Manchmal sind es auch Dopplungen, es ist ein Bild mit einer Beschreibung dazu. Sie müssen jedes Mal die Entscheidung treffen, ob Sie etwas zeichnen oder schreiben. Schwanken sie manchmal, oder gibt es sogar verschiedene Versionen? Ist es manchmal so, dass Sie etwas zeichnen und sich dann überlegen, es doch lieber zu schreiben?

UL: Grundsätzlich versuche ich, etwas entweder im Bild oder im Text zu zeigen. Aber manchmal sind Dinge so wichtig, dass ich sie gerne in beiden Medien zeige, dadurch bekommt das Dargestellte eine zusätzliche Intensität.

Bezüglich der erfundenen Szenen wirkt es vielleicht zunächst absurd, wenn ich mich beklage, dass ich Sachen weglassen muss, und dann noch welche hinzuerfinde. Aber der Grund ist, dass ich, wenn ich zwei Szenen aneinanderreihe, die im Buch sehr weit auseinander liegen, ein Verbindungsstück einfügen muss. Ohnehin glaube ich, man sollte keinen Roman werkgetreu adaptieren wollen. Ich halte das für einen Fehler, weil der Comic ein anderes Medium ist und der Roman, wie er ist, perfekt ist. Ich muss ihn nicht noch einmal in Bildern nacherzählen. Eine Comicadaption ist keine Nacherzählung oder Zusammenfassung oder Leicht-lese-Variante eines Romans, es ist einfach ein neues Werk in einem anderen Medium. Um den Roman im Comic zum Leben zu erwecken, muss ich versuchen, ihn zu transzendieren oder etwas Eigenes daraus zu machen. Das Eigene klingt jetzt etwas selbstverliebt, ich will dem Text nicht meinen eigenen Stempel aufdrücken, aber die Graphic Novel muss ein eigenständiges Werk werden, und dazu muss ich manchmal so mutig sein, Dinge hineinzuerfinden, die es in der Vorlage nicht gab.

ZUHÖRER 1: Im Comic sind Äußerungen, die keine Worte sind, sehr wichtig, also so etwas wie Räuspern, »hmm«, »hkm« – Laute, die seit *Donald Duck* zum Beispiel sehr wichtig sind. Haben Sie sich noch neue ausgedacht?

UL: Ja, als ich mich entschlossen habe, dieses Buch zu machen, habe ich mich auch deshalb dafür entschieden, weil ich im Comic für diese Geräuschebene Mittel habe, die Soundwords. Während der Arbeit habe ich allerdings gemerkt, dass die meisten Soundwords, die wir kennen, die uns als Comicleser vertraut sind, aus dem Amerikanischen kommen. Ich erzähle nun aber eine dezidiert deutsche Geschichte, und deswegen habe ich mir manchmal Soundwords ausdenken müssen. Es mussten deutsche Geräusche sein, nicht das amerikanische »boom«.

SB: Mir scheint, dass wir im Moment beobachten, wie die Graphic Novel – man kann natürlich auch Comic sagen – sich als in epischer Breite erzählender grafischer Text etabliert. Haben wir es mit einer neuen Gattung zu tun? Also einer weiteren Gattung, die in der antiken Gattungstheorie nicht vorgesehen war, wie der Roman und die Novelle? Ist die grafische Literatur, wie sie sich seit Art Spiegelmans *Maus* entwickelt hat, eine neue Gattung in dieser Reihe?

UL: Ja, vermutlich. Die Erzählung mit Bildern ist allerdings keine ganz neue Erfindung. Es gibt sie seit der Steinzeit. Ende des 19. Jahrhunderts hat sich eine neue Konvention der Bilderzählung herausgebildet, die allerdings eher im Unterhaltungsbereich beheimatet war. Was wir heute unter »Graphic Novel«

verstehen, hat sich tatsächlich erst in den letzten fünfzehn bis zwanzig Jahren etabliert.

Abgeschlossene Geschichten jedweden Inhalts, die man gerne erzählen möchte, die sich nicht unbedingt nur an ein junges, humorinteressiertes Publikum oder an ein männliches Superhelden-Publikum richten. Dabei wurde der Begriff »Graphic Novel« nur deswegen etabliert, damit die Menschen verstehen, dass es sich dabei nicht um eine Kinder- oder Humorerzählung handelt. »Comic« ist eigentlich nur eine technische Beschreibung dafür, dass Bild und Text kombiniert werden. Damit ist keine Aussage über den Inhalt getroffen. Leider haben die Deutschen aber viele Vorurteile, was den Comic betrifft, deswegen hat die Comic-Szene den neuen Begriff »Graphic Novel« geprägt.

MB: Ich würde die Überlegung anstellen, ob nicht auch die Storyboards, die man für Filme zeichnet, einen Einfluss hatten auf die Entwicklung der Graphic Novel.

UL: Nein. Das hat damit zu tun, dass Filme sehr an die Realität gebunden sind und ich als Zeichner ganz oft auf einer zeichenhaften, symbolhaften Ebene agieren kann. Ich muss die Natur nicht unbedingt nachempfinden, um davon zu erzählen.

MB: Du hast recht, es gibt ja auch keine Sprechblasen im Film-Storyboard. Ob die Gattungstheorie nun um eine neue Gattung zu erweitern ist? Das hat viel stärker mit dem Selbstverständnis der Universität zu tun, als mit dem, was wir machen. Wir wollen das nicht für die Universität entscheiden, oder?

UL: Ich finde es immer schön, wenn andere das machen.

SB: Es hat auch mit dem Buchmarkt zu tun. Im gut sortierten Buchhandel findet man jetzt überall Wände mit grafischer Literatur, dort wird die Graphic Novel als eigenständiges Genre präsentiert, ohne dass die Universität das angestoßen hätte. Es handelt sich vermutlich eher um eine Reaktion auf die Bedürfnisse der Leserinnen und Leser.

MB: Im französischsprachigen Raum war es schon immer eine Selbstverständlichkeit, dass es im Buchhandel Comicabteilungen gibt. Wir sind in Deutschland da eher spät dran: Ich habe noch viel von Buchhändlerinnen gehört: »So, ein Comic ist also aus Ihrem Roman gemacht worden? Ich bestelle mal ein Exemplar, mehr Kunden von mir wollen das nicht.«

UL: Es passiert leider auch immer wieder, dass ich *Maus* im Kinderbuchregal finde, nur weil es ein Comic ist. *Maus* ist allerdings eine sehr brutale Holocaustgeschichte.

ZUHÖRER 2: An der Uni Bonn gibt es eine Comic-Woche, aber noch keine Graphic-Novel-Forschung.

UL: Das finde ich gut. Letztlich ist »Comic« der Oberbegriff, »Graphic Novel« ist bloß ein Unterbegriff.

ZUHÖRER 3: Ich habe noch eine kleine Frage an beide: Sie, Herr Beyer, haben den Anfang ihres Romans gelesen, sehr distanziert, sehr viel Beschreibung. Dass Hermann Karnau als Ich-Erzähler auftritt, wird erst nach einigen Seiten deutlich. Es ist ein sehr kalter, manchmal auch ironischer Blick auf das, was da passiert. Dann schlägt man die Graphic Novel auf, und die beginnt ganz anders, mit einer Kindheitserinnerung von Hermann Karnau. Frage an Ulli Lust: Wie kam Ihnen die Idee, dass Sie nicht mit dem Blinden- und Taubstummenaufmarsch anfangen wollten, sondern mit dem kleinen Karnau? Und wie ging es Ihnen, Herr Beyer, als Sie die Graphic Novel aufgeschlagen haben? Haben sie gedacht, dass Sie Ihren Roman gerne auch so angefangen hätten, oder wie empfanden Sie es, dass die Graphic Novel ganz anders losging?

UL: Ich finde den Anfang von Marcel Beyer großartig. Natürlich habe ich zunächst genauso angefangen, nur musste ich nachträglich feststellen, dass es im Comic auf diese Weise nicht funktioniert. Im Text folgt man der Stimme und den Bildern, aber sobald ich es allein in Bildern erzähle, funktioniert das nicht. Ich fand es wichtig, dass man erfährt, wer da redet. Ich wollte diese Figur vorher mit einer kleinen metaphorischen Szene aus der Kindheit etablieren.

MB: Man sieht ein Kind, dann ist die Szene vorbei, und anschließend sieht man einen Erwachsenen. Wir haben keine Gruppe von Jungs gesehen, oder derartiges, sondern ein Kind mit seinen Eltern. Wenn die Figur erneut auftaucht, erkennen wir das Kind automatisch im Erwachsenen wieder, und auf eine komische Weise – das hängt mit Lese- und Verstehensgepflogenheiten zusammen, die in uns stecken, die wir gar nicht mehr reflektieren müssen – wird darüber offenbar eine Figur etabliert, die einem Ich-Erzähler nahekommt. Erst so kann es funktionieren, dass Ulli Lust auf die lange Sicht der Geschichte beim Leser die Vermutung ausschaltet, dass die ganze Zeit eine dritte Position mal einen Blick auf die Kinder und mal einen Blick auf Karnau werfen würde. Sie scheinen abwechselnd zu erzählen, obwohl wir sie immer von außen betrachten.

Die Etablierung eines Erzählers funktioniert bei mir hingegen anders, weil sich alles, was von der Buchseite kommt, direkt an den Leser wendet. Eine Figur sagt »ich«, und der Leser sieht dieses Ich automatisch als Erzähler. Ich gehe zum Beispiel langsam aus dem Panoramablick oder aus der sachlichen Beschreibung heraus, in der die Sätze in der dritten Person formuliert sind, und komme auf den personalen Blick. Am Anfang tropft mir ein Regentropfen ins Gesicht, aber noch spricht keiner das Wort »ich« aus. Sobald dies geschieht, ist der Ich-Erzähler fixiert. Es funktioniert offenbar, weil das geschriebene Wort vom Leser auch als Stimme aufgefasst wird. Erst wenn das erste Mal eine Leerzeile im Text auftaucht und danach erneut »ich« gesagt wird, aber die Perspektive eine andere ist und die Satzstrukturen andere sind, fängt man an zu überlegen: Hat sich der Ich-Erzähler verwandelt, oder gehen wir in dessen Kindheit hinein? Ist es eine Rückschau? Irgendwann begreifen die Leser, dass es sich jetzt um ein Mädchen handelt, während vorher ein männlicher Erwachsener erzählt hat. Damit wird die zweite Erzählerfigur etabliert.

UL: Das ist ein interessanter Aspekt, denn eigentlich könnte man annehmen, dass man auch als Bilderzähler diese subjektive Perspektive einnehmen kann. Ich zeige das, was der Mensch jetzt sieht. Aber das erkennt der Leser nicht als von jemandem gesehen. Es funktioniert einfach nicht. Deswegen hat man auch in Filmen den Ich-Erzähler immer als Voice-over, also als Stimme. Trotzdem sieht man die Person, wie sie etwas tut, was eigentlich unrealistisch ist.

SB: Frau Lust, Herr Beyer: vielen Dank für die Lesung und das Gespräch!

MARCEL BEYER IM GESPRÄCH MIT DEM KOMPONISTEN
ENNO POPPE DIE TÖNE ALS MATERIAL
MODERATION: CLAUDIA LIEBRAND. KÖLN, 10. NOVEMBER 2015

CLAUDIA LIEBRAND: Einsteigen möchte ich in unser Gespräch mit Fragen zu Marcel Beyers Gedicht *Wespe, komm*.

Wespe, komm

Wespe, komm in meinen Mund,
mach mir Sprache, innen,
und außen mach mir was am
Hals, zeigs dem Gaumen, zeig es

uns. So ging das. So gingen die
achtziger Jahre. Als wir jung
und im Westen waren. Sprache,
mach die Zunge heiß, mach

den ganzen Rachen wund, gib mir
Farbe, kriech da rein. Zeig mir
Wort- und Wespenfleiß, machs
dem Deutsch am Zungengrund,

innen muß die Sprache sein. Immer
auf Nesquik, immer auf Kante.
Das waren die Neunziger. Waren
die Nuller. Jahre. Und: So geht das

auf dem Land. Halt die Außensprache
kalt, innen sei Insektendunst, mach
es mir, mach mich gesund,
Wespe, komm in meinen Mund.[1]

Herr Beyer, Herr Poppe, wie hat sich Ihre Zusammenarbeit an diesem Gedicht gestaltet? Wie ist sie in diesem Fall zustande gekommen? Herr Beyer, was ist für Sie passiert, als sie Ihren Text Enno Poppe übereignet und somit einer fremden Stimme gegeben haben? Herr Poppe, was stellte für Sie die Herausforderung in Bezug auf diese Komposition dar? Ich habe einen schönen Satz von Ihnen gefunden, Sie formulieren im Werkkommentar Ihres Streichquartetts *Tier* als letzten Satz: »Jeder Ton ist ein Lebewesen.«[2]

MARCEL BEYER: Das Projekt war ursprünglich eine Auftragsarbeit; das Lyrikkabinett in Berlin hatte Lyriker und Komponisten für einen Abend zum Thema »Kunstlied« zusammengebracht. Und eigentlich wirft Enno bei so einer Anfrage – »Hätten Sie nicht Lust, ein Kunstlied zu schreiben?« – gleich den Hörer wieder auf die Gabel. Ein Kunstlied ist für einen Komponisten etwa so reizvoll oder so schwierig wie für einen Schriftsteller die Einladung zu einem Distichen-Wettbewerb.

Uns war von vornherein klar, dass in unserem gemeinsamen Stück die Vorstellungen von einem Kunstlied, wie sie sich im Laufe des 19. Jahrhunderts verfestigt haben, nicht erfüllt werden sollten. Gerade deshalb reizte es mich aber, Enno einen Text zu schreiben, der sich auf den ersten Blick oder in vielen Elementen ziemlich gut für ein Kunstlied im Stil des 19. Jahrhunderts eignen würde.

Enno wiederum stellte mir die Aufgabe, mit Wörtern zu arbeiten, die nicht so viele Silben haben. Ich habe deshalb zunächst mit ein- und zweisilbigen Wörtern begonnen. Das Wort »achtziger« in der zweiten Strophe ist das erste dreisilbige, dann folgen weitere, »Wespenfleiß«, »Zungengrund«, und in der letzten Strophe kommt mit »Insektendunst« ein viersilbiges Wort vor.

ENNO POPPE: Ursprünglich sah ich keine klassische Klavierbegleitung vor, sondern die Sängerin sollte sich selbst auf einem Umhänge-Keyboard begleiten. Doch auch diese Keyboard-Idee verwarf ich wieder, sobald der Text fertig war. Allein durch die Sprache ergab sich für das Lied eine andere und ganz bestimmte Klangfarbe. Da ist dieser fliegende Klang, die Art und Weise, wie sich die Töne selbst bewegen. Also nicht, wie die einzelnen Töne notiert sind, sondern die Art und Weise, wie die Stimme allein jeden einzelnen Ton gestaltet. Sie haben meinen Satz zitiert – »Jeder Ton ist ein Lebewesen« –, ich benutze grundsätzlich die Töne selbst als Material und versuche, alles in Bewegung zu versetzen.

Unheimlich schön ist an *Wespe, komm,* dass gewissermaßen zwei Ebenen existieren. Es gibt einmal diese ›Wespenebene‹, die, wären die Zeilen anders angeordnet, ganz klassisch gereimt und rhythmisch erschiene. Doch dann gibt es diese Einschübe wie »So gingen die / achtziger Jahre«. Man hat im Grunde zwei verschiedene Stimmen, zwei verschiedene Arten von Text. Das hat mich dazu inspiriert, zwei verschiedene Charakteristika im Gesang anzulegen. Einmal haben wir diese endlos ausgedehnten Wörter, wie das Wort »Wespe« am Anfang, das sich ja tatsächlich über eine ganze Partiturseite hinzieht (Abb.1 → S.86), dann wieder sind andere Stellen des Liedes viel stärker syllabisch (Abb.2 → S.87). Das hat mir eine große Klangvielfalt ermöglicht, obwohl diese

Abb. 1 und → Abb. 2: Enno Poppe setzt in **Wespe, komm** die Singstimme auf zwei ganz verschiedene Arten ein. © 2005, G. Ricordi & Co Bühnen- und Musikverlag, Berlin. Abgedruckt mit freundlicher Genehmigung von Hal Leonard MGB Srl – Italien.

Idee von nur einer Sängerin auf der Bühne ohne jede weitere musikalische Unterstützung zunächst eine recht große Einsamkeit impliziert.

CL: Herr Beyer, Sie lesen das Gedicht ja auch unabhängig von seiner Vertonung. Braucht es also die Musik nicht zwingend? Könnte man das von Ihrer Seite aus als Akt der Wiederaneignung bezeichnen?

Ihr Gedicht verfügt über bemerkenswertes poetologisches Potenzial: die Wespe im Mund, das »Deutsch am Zungengrund«, diese oral-erotische Wendung »mach / es mir«. Haben Sie Lust, darüber zu sprechen – oder überlassen Sie das lieber den Germanisten?

MB: Nein, das kommentiere ich sogar gern, denn ursprünglich war es ja nicht als Gedicht, sondern als Text für eine Vertonung gedacht. Dass ich *Wespe, komm* zu einem eigenständigen Gedicht habe werden lassen, hat biografische Gründe.

Die ersten Notizen entstanden im August 2004 in Schweden auf einer Zugfahrt. Das Gedicht ging leicht von der Hand und war eigentlich schon fast fertig, als ich mir selbst Einhalt gebot. Denn die Wespe war das Tier von Thomas Kling, kein anderer Dichter vergriff sich an ihr. Sie war sozusagen sein Wappentier. Leider war Thomas Kling zu der Zeit schon sehr krank, und ich habe die Notizen erst mal liegen gelassen, zu einem Gedicht von mir wollte ich sie nicht ausarbeiten. Später kam mir in den Sinn, das Material könnte als zu singender Text doch verwendbar sein. Dann dringe ja nicht ich in das poetische Terrain von Thomas Kling vor, sondern es ist Enno, der mit seinem Stück die Bühnenfigur einer Sängerin oder eines Sängers entstehen lässt. Ich glaube, das erste Mal vorgelesen habe ich *Wespe, komm* als Gedicht dann im Mai 2005, wenige Wochen nach dem Tod von Thomas Kling, wieder in Schweden, in Stockholm. Damit war es gewissermaßen ein nachgerufener Text, der sich zu einem eigenen Gedicht entwickelt hat, während Enno bereits an der Komposition arbeitete. Aber das war keine Rückrufaktion – für mich existiert der Text zweifach.

CL: Herr Poppe, als Germanisten glauben wir das eine oder andere über Produktionsprozesse von Dichtern, von Schriftstellern zu wissen. Wir haben aber nur sehr unklare Vorstellungen davon, wie Komponisten ihre Werke verfassen. Können Sie etwas zu Ihrem Kompositionsprozess sagen, auch technisch?

EP: Ich versuche mal, es kurz zu erklären. Ich gehe zunächst vom Material aus, das ergibt sich häufig aus Einfällen, aber auch aus Forschungsreihen. Ich frage mich dabei: Wie erzeuge ich klangliches Material und woran kann ich anknüpfen? Wo entsteht ein Klang, der mich interessiert? Bei *Wespe* wird glaube ich sehr deutlich, dass es mir um einen ganz bestimmten Klang ging. Ich habe dafür auch mit meiner eigenen Stimme experimentiert, um neue klangliche Möglichkeiten für die Singstimme zu finden. Dieses Experimentieren ist immer ein sehr wichtiger Schritt bei der kompositorischen Arbeit. Ich probiere da auf verschiedensten Ebenen etwas aus, mit verschiedenen Musikinstrumenten – ich habe aber auch schon sehr viel mit Synthesizern gearbeitet und versucht, neue Klangmöglichkeiten, neue Akkorde zu erfinden.

Es gibt ausführliche Forschungsreihen von mir, die in einem vorkompositorischen Prozess, also noch weit vor der eigentlichen Komposition des Werks, entstanden sind. Ich komme ja ursprünglich vom Klavier – die Akkorde, die ich auf dem Klavier spielen kann, kenne ich daher alle schon. So bin ich immer mehr dazu übergegangen, die Tonschritte mit Synthesizern, mit Computern zu verkleinern, bis ich schließlich jeden der zwölf Halbtöne einer Oktave in sechzehn Teile geteilt habe, wodurch ich hundertzweiundneunzig Töne pro Oktave erhalten habe. Auf der gesamten Klaviatur sind das dann über tausend verschiedene Tonhöhen. Das ergibt eine Fülle von neuem Akkordmaterial, und ich bin dabei, eine vollkommen neue und eigene Harmonik zu erfinden.

Der eine Weg zur Komposition geht also vom Material aus, ein anderer von der Dramaturgie, den Strukturen. Ich bin sehr stark an Formen interessiert, an Spannungsverläufen, an der Art und Weise, wie diese erzeugt werden können. Das Schöne an Musik ist ja, dass ihre Spannungsverläufe nicht an Semantik gebunden sind. Ich würde sie aber auch nicht unbedingt abstrakt nennen – auch ein Spannungsverlauf ist etwas ungemein Konkretes, weil er direkt auf das Publikum einwirkt, aber eben außersprachlich und unglaublich nuanciert, vergleichbar mit Gesichtsausdrücken – man verändert das Gesicht nur ein wenig, und schon drückt es etwas völlig anderes aus. Mit Sprache ist das viel schwieriger.

Diese Fülle, dieser Nuancenreichtum interessiert mich sehr, das Arbeiten an der Form, an der Struktur, die Frage, wie kann sich so etwas organisch entwickeln, wie kann aus einzelnen Elementen, wie aus Zellen, wie aus Atomen, etwas wachsen. Ich habe mich sehr stark für organische Prozesse interessiert und mit Simulationen aus der Biologie gearbeitet. Es gibt mathematische Modelle, die das Wachstum von Pflanzen simulieren, um zum Beispiel Computergrafiken zu erzeugen. Das ist etwas, was für Musik ungemein fruchtbar ist. Ich kann der Musik beim Wachsen zuschauen, sie beobachten, kann das Wachstum steuern – ich kann Ausgangspunkt und Ergebnis in etwa festlegen und dann abwarten, welche Prozesse stattfinden. Unter Umständen hat die Materialsuche etwas mit diesen strukturellen Dingen zu tun, unter Umständen aber auch nicht. Es geht gerade um diesen Widerspruch: Wie kann ich eine Strukturidee auf eine Klangidee ›loslassen‹ und beides ›aufeinander prallen lassen‹? Das erzeugt unter Umständen einen kreativen Widerstand. Eine Idee haben, diese Idee umsetzen und dann ist das Stück fertig, so zu arbeiten, das interessiert mich nicht. Eigentlich reift die Idee immer erst dadurch aus, dass sie strapaziert wird. Ich bringe die Idee in eine Situation, an die ich am Anfang noch überhaupt nicht gedacht habe. Dann komme auch ich an den Punkt, an dem ich mich selbst und das Publikum überrasche.

CL: Herr Beyer, Sie haben wiederholt unterstrichen, dass Ihre Texte von Enno Poppe nicht im üblichen Sinne vertont werden, sondern dass Sie gemeinsam »vom Text in den Ton und umgekehrt«[3] arbeiten. Das klingt ja ganz unproblematisch dialogisch. Mich interessiert, ob es im Arbeitsprozess auch Friktion gibt. Wenn man sich beispielsweise die Geschichte der Oper anschaut, dann wird da immer wieder debattiert, ob »prima la musica e poi le parole« oder die umgekehrte Hierarchie gelten soll. Haben wir es, wenn wir uns ihre Zusammenarbeit anschauen, nur mit Synergieeffekten zu tun oder auch mit Medienkonkurrenz?

MB: Die Arbeit durchläuft natürlich ganz unterschiedliche Phasen, unterschiedliche Zustände. Anfangs führen wir immer lange Gespräche und überlegen gemeinsam, was wir gerne hören oder was wir gerne auf der Bühne sehen möchten, was für ein Stoff uns interessiert. Dann bewegen wir immer vieles hin und her und albern auch viel. Manchmal ist das sehr produktiv, wir haben schon mal in einer Stunde vierundzwanzig Opern entworfen, aber das waren nur solche Opern, von denen wir dachten, die sollen andere realisieren. Es reichte uns, die Idee gehabt zu haben, die Umsetzung hätte uns gelangweilt.

In anderen Phasen sitzt natürlich jeder allein am Tisch und darf nicht gestört werden, weil er dem eigenen Prozess folgen muss, der eigenen Entwicklung. Zu der Frage, ob da eine Konkurrenz oder Friktion zwischen den Medien besteht – ich glaube das nicht. Ich höre selbst viel Musik, auch Musik mit Gesang, dessen Sprache ich nicht verstehe. Und das stört mich überhaupt nicht. Dieses entspannte Musik-Text-Verständnis setzte ich einfach bei allen potenziellen Zuhörern voraus. Die Leute sollen sich nicht daran stören, wenn sie meinen Text nicht verstehen.

EP: Dazu gibt es übrigens eine schöne Geschichte. Puccini hat sich dezidiert Sprechtheaterstücke in ihm fremden Sprachen angeschaut. Und wenn er ein Stück verstehen konnte, ohne der Sprache mächtig zu sein, dann war es operntauglich.

Aber ich muss wirklich sagen, Marcel kennt unglaublich viel Musik. Das ist auch, was die Zusammenarbeit so einfach macht. Marcel kennt viel mehr Musik als ich, mir ist eigentlich sonst niemanden bekannt, der so viel Musik kennt.

MB: Aber dafür kennst du mehr Literatur.

EP: Dafür kenne ich mehr Literatur. Marcel unterstützt mich auch. Zum Arbeiten bekomme ich von ihm kiloweise Musik zum Hören.

Ich bitte ihn immer darum, mir etwas zu schicken. Diese Kenntnis der jeweils anderen Kunst ist natürlich hilfreich. Darüber hinaus ist Vertrauen wesentlich. Ich verspüre weniger Friktion, als Vertrauen.

Wir wohnen nicht am selben Ort, müssen uns aber auch gar nicht dauernd treffen. Sind wir einmal an dem Punkt angelangt, an dem wir wissen, jetzt arbeiten wir einzeln an dem Projekt weiter, dann vertraue ich darauf, mit dem Text, den ich bekommen werde, etwas anfangen zu können.

Tatsächlich sind die Liedtexte von Marcel unheimlich gut singbar. Auch »Wespe, komm in meinen Mund« ist einfach wunderbar zu singen. Marcel hat ein Bewusstsein dafür, was das eigentlich heißt, einen Text zu singen, was ihn singbar macht und was nicht. Die Texte von Marcel, die nicht für Gesang geschrieben sind, sind völlig anders.

MB: Außerdem ist es so, dass Enno sich für das Sprechen interessiert. Wir haben in jedem Stück Passagen, die gesprochen werden. An den Stücken, bei denen wir zusammengearbeitet haben, waren sowohl Schauspieler als auch Sänger beteiligt. Und das Reizvolle ist, herauszufinden, wie man Schauspieler zum Singen und wie man Sänger zum Sprechen bringt. Sänger sprechen nicht gern. Sie empfinden das einfach als Zeitverschwendung. Das ist merkwürdig, sie sind ungeheuer sensibel für Klänge, für Stimme, für Sprache – aber sobald es um das Sprechen geht, wird es für sie unangenehm.

EP: Und Sänger sprechen auch dann noch, wenn man mit ihnen in einer Pizzeria sitzt, wie Sänger. Sie können gar nicht anders. Da ist das Gestützte, ihre Stimme kommt aus dem Bauch.

MB: Mir ist es trotzdem ganz wichtig, dass die Sänger Spaß haben. Auch, wenn sie Text singen, den das Publikum nicht verstehen kann – sie wissen, was sie singen, sie haben es ja gelesen. Sogar wenn der Text für sie keinen Sinn ergeben mag – meine Vorstellung ist immer, dass es ihnen Freude macht, diese Wörter zu formen. Man sollte dabei auch nicht vergessen, dass ein Sänger nicht zwangsläufig deutscher Muttersprachler ist. Als Autor kann ich inhaltliche Hinweise geben, ich kann den Sprechgestus erläutern und so weiter, aber am Ende wird sich der Sänger an der klanglichen Struktur meiner Vorlage orientieren, nicht an der Bedeutung einzelner Sätze oder Wörter.

EP: Ich glaube, mich und Marcel verbindet, dass wir beide sehr stark vom Klang ausgehen. Auch wenn Marcel Gedichte schreibt, denkt er schon an den Klang des Sprechens. Das ist einmal etwas Performatives, aber auch ein akustisches Phänomen.

Ich denke auch meine Musik immer zuerst als akustisches Phänomen. Für mich ist Klang immer etwas Physikalisches, nichts Metaphysisches, er hat eine eigene Materialität. Das ist zunächst einmal vom Theater ganz unabhängig. Zuerst ist immer etwas da, woraus der Klang erwächst, zum Beispiel die Materialität der Personen, die diesen Klang hervorbringen. Die theatrale Situation ist zunächst zweitrangig.

CL: Wir kommen jetzt zum Stück *Arbeit Nahrung Wohnung*. Darf ich Sie, Herr Beyer, bitten, die Liedtexte vorzulesen, bevor wir uns die Vertonung anhören?

2. BADEGAST
Seeleute:
Ein Badegast. Der Hals, die Keile.
Robin ist Rotvogel,
Rotvogel Robinson.
Kreuznach ist Kreutznaer,
Kreutznaer muß ein Kreutzner sein.
Und York ist Hull,
Dünkirchen Bremerhaven.
Ist ein Romanhaushalt.
Und Kehl ein Kiel, ist eine Katze.
Dunkerk ist Robinson,
ist ein Personenschaden.
Hull ein Guineafahrer.
Kehle ein Höllenloch.
Häfen ein Sarg.
Man nennt es Kattegattsk.
So steht es da.

3. HUND
Freitag & Seeleute:
Dies geht an den stillen, den
wachen, den fassenden,
den schnürenden, den
riechenden, den springenden,
den wartenden, geht an den
fischbringenden, den
aufspürenden, geht an den
genickbeißenden,
den schnauzehaltenden, den

maulaufreißenden, den
vorauslaufenden, den
hakenschlagenden,
den strandabsperrenden, an
den schlickdurchwühlenden,
geht an den nachtragenden,
den vernähenden,
den verschiedenen, geht an
den hockenden,
den verstimmten,
den sterbenden,
geht an den wehen, den
blassen, den
frühen
Hund.[4]

EP: Ich würde dazu gerne zwei Dinge sagen. Wie leicht zu erkennen ist, sind das zwei sehr stark aufzählende Texte, besonders *Hund*. Da hat gewissermaßen Arno Holz Einfluss gehabt. Wir haben viel über Aufzählungen gesprochen, weil das etwas ist, was der Musik unheimlich entgegenarbeitet. Je mehr Aufzählungen es gibt, desto mehr geht der Text in der Musikstruktur auf. Dieses Strukturmerkmal der Kleingliedrigkeit ist bei beiden Texten entscheidend. Inhaltlich fand ich diesen Text überhaupt nicht leicht zu durchschauen. Wie gesagt, das meiste hat mit Robinson Crusoes Biografie zu tun.

Nun noch ein kurzes Wort zum Klang. Die Idee von *Arbeit Nahrung Wohnung* ist die von einem wegrationalisierten Orchester. Es ist eine Oper, in der Synthesizer das Orchester ersetzen. Gerade am Anfang des Stücks ist dieser Synthesizer-Klang eher erbärmlich. Bei *Badegast* wird so ein komisches nachgebautes, synthetisches Harmonium verwendet. Hieran erkennt man gut, dass das Stück mit Fragmenten, mit Opernresten arbeitet. Es enthält Reste aus der Buffo-Oper, neben dem Gesang erklingt noch ein gesprochener Text, es gibt unheimlich viele versteckte Zitate, es tönt auch einmal *La Paloma* im Hintergrund. Aber mir selbst ist es inzwischen kaum noch möglich, das zu erkennen.

Diese Nummer *Hund* ist eine Arie von Freitag an seinen verstorbenen Hund. Bei *Badegast* singen die Seeleute, die Robinson Crusoe auf seiner Insel begrüßen. Die Stücke sind beide sehr kurz, *Badegast* und *Hund* dauern zusammen vielleicht drei Minuten.

CL: Ich würde gleich gerne das Gespräch öffnen, damit das Publikum Fragen zu seinen Höreindrücken stellen kann. Zuvor aber noch eine technische Beobachtung. Herr Poppe, Sie verstärken in *Arbeit Nahrung Wohnung* über Live-Elektronik die Schallereignisse auf der Bühne so, dass zum Beispiel die Schritte der Sänger zu hören sind und die Bühne selbst zu einem Instrument wird.

EP: Die Idee von *Arbeit Nahrung Wohnung* ist, dass Robinson Crusoe auf die Insel kommt und anfängt, wie besinnungslos zu arbeiten, was auf den Frühkapitalismus verweist. Er hat sogar eine Ziegenherde und könnte ein ganzes Dorf ernähren, mit dem, was er dort in achtundzwanzig Jahren allein produziert. Warum er sich so abrackert, bleibt unklar. Sinnentleerte Arbeit zu zeigen, ist das zentrale Anliegen des Stücks. Die Bühne ist dabei tatsächlich auf die verschiedensten Arten und Weisen in die Musik miteinbezogen: Wir verfügten über ein riesiges Repertoire von klangfähigen Requisiten, so hatten wir zum Beispiel einen Besen mit einem

Mikrofon, damit konnte man das Fegen verstärken, das auch durch Live-Elektronik in seinem Klang unmerklich verändert werden konnte. Darüber hinaus hatten wir eine Küche auf der Bühne, dort wurde Gemüse nach Partitur geschnitten: Auf den Schneidebrettern waren für das Publikum nicht sichtbar Noten angebracht, nach denen die Musiker in der Küche spielten. Auch Metallschränke nutzten wir als Instrumente. Das Bühnenbild war dabei sehr verschachtelt, sodass ein Großteil der Spielfläche für das Publikum nicht sichtbar, aber hörbar war. Auch hatten wir keinen Orchestergraben, und alles fand ausschließlich auf der Bühne statt, selbst der Dirigent stand mit auf der Bühne. Unser Wunsch war, wirklich alles zu musikalisieren, nichts sollte außerhalb von unserem Musiktheater stattfinden.

MB: Diese Entscheidung, alles auf der Bühne stattfinden zu lassen, hatte auch damit zu tun, dass im *Robinson Crusoe* niemand schwimmen kann und die Bühne unsere Insel war, ein Orchestergraben hätte schon im Meer gelegen.

Auf dieser Insel befinden sich im Stück die Seeleute, Robinson und Freitag. Freitag würde ich noch zutrauen, dass er schwimmen kann, aber Robinson nicht, und Seeleute konnten sowieso nie schwimmen. Wenn wir die Seeleute, die von unseren Musikern und Sängern gespielt wurden, in einen Graben gesetzt hätten, wären die logischerweise alle ersoffen.

CL: Wir haben jetzt drei Stücke gehört, *Wespe, komm, Badegast* und *Hund*. Der Raum für Publikumsfragen ist eröffnet ...

ZUHÖRER 1: Ich versuche immer, wenn ich Gesang höre, auch jetzt, den Text zu verstehen, weil es etwas gibt zwischen Text und

Klang, das mich interessiert. Für mich ist gerade diese Verbindung das Spannende. Jedes Mal, wenn ich etwas Gesungenes höre und den Text nicht verstehen kann, bin ich verzweifelt.

EP: Aber es ist doch ganz normal, dass wir gesungenen Text nicht verstehen. Rein physikalisch verändert ja ein länger gezogener Ton schon den Klang des Wortes, ohne dass der Sänger deshalb schlecht artikuliert hätte.

Ich höre unglaublich gern asiatische Musik und habe gar kein Problem damit, dass ich die Sprache nicht verstehe. Für mich ist viel eher der Klang der Sprachen wichtig. Der Klang von koreanischem Singen ist für mich etwas absolut Phantastisches, ohne dass ich auch nur ein Wort Koreanisch verstünde. Das gehört irgendwie zum Gesamtklang dazu, ich glaube nicht, dass die Musik ohne die Sprache funktionieren würde.

ZUHÖRER 1: Natürlich stört es mich nicht, wenn ich Koreanisch höre, dass ich das Koreanisch nicht verstehe. Aber wenn es eine Sprache ist, die ich verstehen könnte, dann interessiert mich nicht nur ihr Klang, dann will ich sie auch verstehen.

MB: Die Oper ist eine Kunstform, die von vornherein in Kauf nimmt, dass man zwar nicht alles verstehen kann, aber alles, was geschieht, dennoch eine Wirkung entfaltet. Sie ist ein höchst künstliches, ein höchst verrücktes Gebilde und geht auf Italiener zurück, die meinten, sie könnten rekonstruieren, wie das antike Drama wirklich funktioniert hat.

Oper ist etwas, was überwältigt, ohne dass jemand nach anderthalb Stunden genau zu sagen vermag, was alles passiert ist. Und wenn dann noch etwas explodiert – umso besser. Wenn wir dieses Spektakel und das Überwältigende nicht wollten, müssten wir im Grunde Brecht'sches Theater machen. Das wäre ziemlich genau das Gegenteil von Oper.

EP: Ich als Musiker bin gewohnt, Dinge nicht zu verstehen. Wer Musik hört, sagen wir, Mozart, der *versteht* diese ja nicht eigentlich. Die Frage danach, wie Musik zu verstehen ist, ist schwer zu beantworten und führt sehr weit. Es gibt stets nur eine Ahnung davon, worum es gehen könnte – und letzten Endes ist das bei Liedtexten nicht viel anders. Angenommen, wir lieferten zu *Arbeit Nahrung Wohnung* Übertitel, die Leute säßen im Publikum, es liefe die Szene und passierte ganz viel auf der Bühne und dann würden sie lesen: »Dünkirchen Bremerhaven. / Ist ein Romanhaushalt«, dann glauben die Menschen vielleicht, sie verstünden da etwas, aber in diesem Moment ist die ganze Szene an ihnen vorbeigegangen, weil sie sich nur auf den Text konzentriert haben. Es geht um eine Vielfalt von Dingen, die miteinander zusammenhängen, Bild, Bewegung, Szene, Text als Klang und Text als Inhalt. Es ist illusorisch, das alles überhaupt verstehen zu wollen. Die Oper ist ein komplexes Gebilde, das aber als Ganzes einen Gesamtausdruck erzeugt.

MB: Sie verstehen doch auch nichts, wenn Sie in eine klassische Repertoireoper gehen. Sie kennen nur das Stück schon und haben es zuvor gelesen. Sie verstehen, weil Sie den Text im Kopf mitbringen. Allenfalls bei einer heutigen Form des musikalischen Schauspiels, beim Musical, ist der Text zu verstehen, aber das ist wieder etwas ganz anderes.

ZUHÖRER 2: Sie sagten, *Wespe* sei im Rahmen einer Kunstliedpräsentation entstanden, da habe ich zuerst gedacht, wunderschön, ein klassisches Volkslied; es wäre mir ein Leichtes, das sofort als Volkslied zu singen. Ich könnte es auch im Choralstil singen, das wäre kein Problem. Seine relativ starke Strophenstrukturierung fällt auf – fünf Strophen à vier Zeilen, meistens Vierheber, von den rhetorischen Figuren ganz zu schweigen, die sehr stark vertreten sind. Deshalb meine erste Frage: Was veranlasst diese starke Strukturierung und spielt das bei der Komposition noch eine Rolle? Die zweite Frage schließt daran an. Beim Libretto kommt, ob man nun will oder nicht, die Handlung ins Spiel, weil es für ein Bühnengeschehen geschrieben ist. Selbst wenn man den Text nicht versteht, findet ja ein Geschehen auf der Bühne statt. Deshalb frage ich mich: Wie verbinden Sie Texte und Handlung, wie ergibt sich eine Handlung und inwiefern trägt die Musik dazu bei?

MB: Es war bei *Wespe, komm* so, dass ich mir vornahm, das Gedicht solle formal den grafischen Eindruck eines fünfstrophigen romantischen Gedichts erwecken. Man erwartet dann einen Kreuzreim oder einen umschließenden Reim. Wer sich die Zeilen genauer anschaut, wird aber keine Endreime finden. Erst beim lauten Lesen wird klar, dass die Reime durch den Text fließen. Das war ursprünglich als eine Anregung für Enno gedacht. Je offensichtlicher der Text zu einem klassischen Kunstlied werden will, desto größer ist die Herausforderung oder die Reibungsenergie, genau dies nicht zu tun, es also nicht in der Tradition eines solchen Kunstlieds stehen zu lassen.

Wie es zur Handlung kommt, ist eine sehr gute Frage. Es hat bei *Arbeit Nahrung Wohnung* so ausgesehen, dass ich Textpassagen für bestimmte Stellen schrieb. Im Kompositionsprozess gelangten viele Texte dann an einen ganz anderen Handlungspunkt.

Beispielsweise erwies sich ein Text in der musikalischen Entwicklung plötzlich ziemlich geeignet für das Kennenlernen und nicht für den Abschied von Robinson und Freitag. Viel wurde aber tatsächlich über die Handlung, also über das Verhältnis der Figuren auf der Bühne zueinander hergestellt. Nehmen wir *Badegast,* die Seeleute kommen hier recht fröhlich auf der Insel an und freuen sich, einen Menschen zu treffen. Robinson ist in gewisser Weise überfordert mit menschlicher Gesellschaft und beginnt, sehr schnell und sehr viel zu reden. Enno bat mich deshalb darum, zu den ursprünglichen vier Strophen noch drei hinzuzufügen, weil die Musik sehr schnell sein und dazu schnell gesprochen werden sollte.

EP: Wir wollten auch nicht alles vorschreiben. Die Idee war nicht, eine Partitur mit fertigem Handlungsplan zu schreiben. Wir haben mit Anna Viebrock, unserer Regisseurin, zwar schon in einer relativ frühen Phase die verschiedenen Situationen festgelegt, auch mit diesen Texten, die ja zunächst eigentlich Gedichte sind. Bei *Arbeit Nahrung Wohnung* handelt es sich eigentlich um einen Gedichtzyklus, vierzehn verschiedene Stationen werden durch diese Gedichte markiert. Die Handlung war aber weder durch den Text noch durch die Musik festgelegt. Wir haben dann mit dem Regieteam darüber gesprochen, die hatten dazu unglaublich viele Ideen. Interessanterweise gab es den Entwurf des Bühnenbilds mit dieser Küche bereits ein Jahr zuvor, ohne dass es dazu einen Text oder Musik gegeben hätte. So war es für mich möglich, in die Küche hinein Szenen zu erfinden. Aus einer Bildidee entsteht eine Musik, es entsteht ein Text und die Handlung entsteht als Letztes. Das ist vielleicht postdramatisch, aber trotzdem kann man damit ungemein viel auf der Bühne zeigen.

ZUHÖRERIN 3: Ich habe ein bisschen über das Gesprochene nachgedacht, weil Sie gerade sagten, in all Ihren Stücken komme auch gesprochene Sprache vor. Angenommen musikalisierte Sprache sei Gesang – und Sie meinten, alles auf der Bühne solle musikalisiert sein –, was ist dann gesprochene Sprache auf der Bühne für Sie?

EP: Das ist auch Klang. Es gibt ja nicht nur Sprechen und Singen, es gibt ein riesiges Kontinuum vom normalen Sprechen über den singenden Schauspieler bis hin zu Operngesang oder außereuropäischem Gesang. Gesang ist einfach ungemein vielfältig, auch die sprachlichen Ausdrucksmöglichkeiten sind so vielfältig, da ist Sprechen einer von den wichtigen und interessanten Aspekten.

ZUHÖRERIN 3: Warum lässt man Sänger denn überhaupt auf der Bühne sprechen? Sie sagten, das sei irgendwie ungewohnt für sie, und das ist ja auch verständlich. Natürlich kennt sich jeder, der eine Gesangsausbildung hat, mit Sprache aus, mit Sprachhygiene und Gesangshygiene, und jeder Sänger weiß: Was wir den ganzen Tag über machen, macht eigentlich unsere Stimme kaputt. Warum lässt man dann überhaupt Sänger sprechen? Es gibt doch auch professionelle Sprecher.

EP: Nun, sprechende Sänger gibt es bei mir tatsächlich nicht, sondern eher singende Sprecher. Und Omar Ebrahim, ein Sänger und Schauspieler, ist bei meinen Stücken immer mit dabei. Er war Schauspieler in der Royal Shakespeare Company, ist aber auch Opernsänger, ein seltener Glücksfall – genauso wie Rosemary Hardy. Ich interessiere mich tatsächlich viel mehr für den singenden Schauspieler, weil ich finde, da entsteht eine ganz spezifische Farbe, etwas, was man mit Sängern irgendwie nie hinbekommt.

CL: Kommen wir nun zu *IQ. Testbatterie in acht Akten.* Hier haben wir es mit einer Konstellation zu tun, die nicht mehr traditionell narrativ ist. Es findet ein Intelligenztest achtmal, immer länger und komplexer auf der Bühne statt. Wir sehen den Probanden zu, wie sie sich dazu verhalten: aufmüpfig, übereifrig; an Verhaltensstrategien finden wir die ganze Bandbreite.

EP: Bevor wir den ersten Akt hören – der dauert nur zwei Minuten –, ist es, glaube ich, wichtig, Ihnen dazu etwas zu erzählen. Anna Viebrock, Marcel und ich waren gemeinsam in Rom in der Villa Massimo und hatten keinen Opernstoff. Einen Auftrag hatten wir allerdings bereits, und wir mussten dringend loslegen. Wir hatten auch unheimliche Lust, etwas zu entwickeln, uns kam aber irgendwie keine zündende Idee. Über Nacht habe ich dann einen Formplan entwickelt, der ein Stück in acht Akten skizziert. Die Akte werden immer länger und jeder einzelne Akt enthält, was eine gute Oper braucht.

Eine gute Oper braucht in ihrem vierteiligen Modell eine Ouvertüre, ein Rezitativ, eine Arie und ein Finale. Die Ouvertüren sind in allen acht Akten immer gleich lang und die anderen Parts werden immer länger. Jeder Akt besteht aus acht Teilen, die aber hier im ersten Akt wirklich sehr kurz sind. Unser Wunsch war, ein Stück über Variationen zu machen, also die musikalische Idee in den Mittelpunkt zu stellen. Wir haben die szenische Situation, die mit diesem Rezitativ, Arie und Finale arbeitet, zum Ausgangspunkt für Variationen genommen. Wichtig werden dabei

Bühnenobjekte, Requisiten, Kostüme, Personen – alles, was zum szenischen Kosmos gehört, kann variiert werden. Davon ausgehend ist dieser Formplan entstanden, an den wir uns bis zum Schluss gehalten haben.

MB: Und dann kam die Idee auf, dass zu so einem strengen Plan, der zwischen Glück und diesem Peniblen, fast Komischen, hin und her springt, das Thema »Intelligenztest« unheimlich gut passt. Für jene, die ihn anleiten, ist der Test eine Routine, die sich immer wiederholt mit kleinen Variationen hinsichtlich der Probanden und des Verfahrens.

Bei uns gibt es eine Probandin, die ihr Glück darin findet, alle Formanforderungen zu erfüllen. Irgendwann geht das schief, sie fällt aus diesem Muster heraus und gibt falsche Antworten. Dann haben wir einen anderen Probanden, der sich von vornherein gegen solche standardisierten Abläufe sperrt.

Wenn ein Plan sehr streng ist, macht es Freude, selbst noch strenger zu sein. Während ich schrieb, stellte ich fest, dass in den ersten Akten jede Textzeile vierzehn Silben hat, und daraus habe ich ein Prinzip abgeleitet. So wird in einem anderen Akt ein Blues gesungen, Blues folgt einem Zwölftaktschema, also sollte das der Akt sein, in dem jede Zeile zwölf Silben hat. Wir sind dann noch runter auf elf gegangen, glaube ich. Das sind dann so meine Spielereien, die Enno überhaupt nicht kümmern müssen. Wenn Enno mich fragte, ob er ein Wort entfernen könne, musste ich aber an anderer Stelle wieder eines einfügen, weil ich derart auf die Formerfüllung fixiert war. Aber das hält man nicht bis zum Ende durch – im endgültigen Text ist mein strenges Silbenschema nur noch hier und da in Form von Trümmern zu erkennen.

EP: Es war wirklich phantastisch, dass die Textmenge auf diese Weise genau passte. Bei *Arbeit Nahrung Wohnung* war das anders, da wurde noch unglaublich viel Text gestrichen. Nach Jahren der Zusammenarbeit weiß Marcel inzwischen genau, welche Textmenge ich brauche. Zum Beispiel weiß er, wie viel Text für fünfzehn Sekunden erforderlich ist oder umgekehrt wie viel Zeit vierzehn Silben beanspruchen.

MB: Vierzehn Silben dauern dreißig Sekunden …
Möglicherweise hat bei *IQ* die Vorgabe, einem strengen Zeitschema zu folgen, dazu geführt, dass zusätzlich recht ausführliche Szenenanweisungen entstanden sind, anders als sonst. Vielleicht war das für mich ein Ventil.

1. Akt
Die fünf Probanden (Probandin, Proband, Trompete, Violine 1, Kontrabass) sind schon bereit, sitzen vor Holzformen, die Testerin ist im Begriff, Blätter auszulegen – jeweils zwei auf die rechte Tischseite. Die Testleiterin kontrolliert aus der Ferne. Sobald alle Testtische eingerichtet sind, macht die Testerin einen Schritt zurück und beginnt mit den Instruktionen.

2) TESTERIN
Ich möchte Sie nun bitten, die Schemazeichnungen rechts
einen Moment lang zu studieren. Dann wenden Sie sich
bitte aufmerksam den dreidimensionalen Formen
auf der linken Seite zu. Ziel der Aufgabe ist es,
innerhalb möglichst kurzer Zeit die Formen Würfel,
Quader, Säule, Scheibe, Dreikantprisma, Pyramide
und Zylinder jeweils einem Schema zuzuordnen.

3) TESTLEITERIN
Blauer Quader, gelbe Scheibe, violette Pyramide,
grüner Würfel, rote Säule, himmelblaues Dreikantprisma
und ein himbeerfarbener Zylinder.

4) TESTERIN
Bitte jetzt.
Bitte Halt.
Bitte jetzt.
Bitte Halt.
Bitte jetzt.
Bitte Halt.
Jetzt.
Halt.[5]

CL: Noch eine Frage zum Schluss. Wir haben am Anfang über die kleine Form gesprochen, jetzt befinden wir uns in größeren Zusammenhängen. Wie verhalten sich einzelne Nummern zum Gesamtgefüge in der großen Form? Vielleicht lässt sich diese Frage auch exemplifizieren am Blues, der Nummer 28 von *IQ*, den Herr Beyer jetzt noch vorliest.

28) PROBANDIN
Ich steckte tief im Bochumer Matrizentest,
knietief im BOMAT, und ich dachte ewig nach,
denn jedes klare Muster schien mir lückenhaft
und jeder Lösungsansatz wirkte furchtbar schief.
Ich dachte nach, während die Lösungszeit verstrich,
ich hatte mich niemals zuvor in einem Test
dermaßen festgefahren, und ich sehnte mich

nach meinem klassischen Binet-Simon zurück.
Ich war ein Opfer meiner Dummheit zweiter Art,
Matrizenfieber nennt man das, ich weiß, ich sah
Kristalle, Pfeile, Sterne, Winkel, weiter nichts.
Ich steckte tief im BOMAT fest, ein Störeffekt.
Doch manchmal fühl ich mich wie das mümmelnde Kind
und mümmele im Wartezimmer vor mich hin.
Das ist mein Manko, mein Familienerbe,
wir sind strukturanfällig, veränderungsblind.[6] Abb. 3 → S. 110

ep: Die Nummernoper hat natürlich eine lange Tradition, spätestens seit Ende des 17. Jahrhunderts haben wir es meist mit Nummernopern zu tun. Erst mit Wagner verändert sich das wieder.

Für mich ist Oper auch immer eine Möglichkeit, Dinge auszuprobieren, die ich im Konzert nie machen würde. Im Theater kann man die verschiedensten Situationen erfinden, kann die albernsten und seltsamsten Dinge machen, die ohne den szenischen Rahmen unmöglich wären.

Einen Blues zu schreiben, ist tatsächlich eine ganz frühe Idee gewesen. Das hing ein bisschen mit einer Bluessängerin zusammen, mit der wir beide arbeiten wollten. Für sie hatten wir dieses Stück konzipiert. Ich habe mit ihr eine große Studienreihe über verschiedene Stimmfarben gemacht. Gemeinsam haben wir charakteristische Stimmen kategorisiert: Bluesstimme, Jazzstimme, Popstimme, Musicalstimme, Opernstimme, Operettenstimme und Volksliedstimme. Das sind sieben verschiedene Arten, auch technisch verschiedene, mit Singstimme umzugehen, den Stimmapparat einzusetzen und mit dem Mikrofon zu arbeiten. Die Sängerin hatte alle sieben Stimmfarben im Repertoire und konnte von

Wort zu Wort von der einen zur anderen wechseln. Sie ist dann zwei Wochen vor der ersten Probe erkrankt und musste absagen. Letztendlich fanden wir aber eine andere sehr passende Besetzung.

Mich interessierte es ungemein, Blues als Grundidee zu verfolgen, dabei aber analytisch mit ihm umzugehen – mit seinem Klang, mit der Stimmfarbe, seinem Schema und Rhythmus. Ich habe völlig andere Akkorde verwendet als im Blues üblich und quasi ein neues Bluesschema erfunden. Trotzdem gibt es klangliche Techniken, etwa bei der Kontrabass- und der Saxophonstimme, die vom Blues stammen, hier aber gewissermaßen falsch zusammengesetzt werden.

Interessant ist noch, wie wir die Drums zusammengestellt haben. Wir hatten ein Drumset aus Bühnenrequisiten. Als Bass Drum diente ein altes Fotokopiergerät, als Becken alte Plastikfolien, als Snare abgerolltes Klebeband und das Zerreißen von Zeitungen – das erzeugt diesen scharrenden Untergrund.

CL: Vielen Dank für das Gespräch.

---

1 Beyer, Marcel: Wespe, komm. In: ders.: Graphit. Gedichte. Berlin: Suhrkamp 2014, S. 125.

2 Zitiert nach: Pöllmann, Rainer: forschungsreisen in die welt liliput. Über Enno Poppe, einen ›Shooting Star‹ der Neuen Musik. In: Neue Zeitschrift für Musik. Das Magazin für neue Töne 4 (2006), S. 56–58, hier S. 58.

3 Dölling, Birger: Interview mit Marcel Beyer (1. März 2006). In: Lose Blätter. Zeitschrift für Literatur. URL: http://www.lose-blaetter.de/36_lymu.html (letzter Zugriff: 05.01.2016).

4 Von Marcel Beyer zur Verfügung gestellte Manuskriptfassung des Librettos zu **Arbeit Nahrung Wohnung. Bühnenmusik für vierzehn Herren** (Version vom 6. April 2008), S. 3–5. Der final vertonte Text weicht leicht ab.

5 Von Marcel Beyer zur Verfügung gestellte Manuskriptfassung des Librettos zu **IQ. Testbatterie in acht Akten** (Version vom 26. März 2012), S. 2.

6 Ebd., S. 13.

MARCEL BEYER / ENNO POPPE

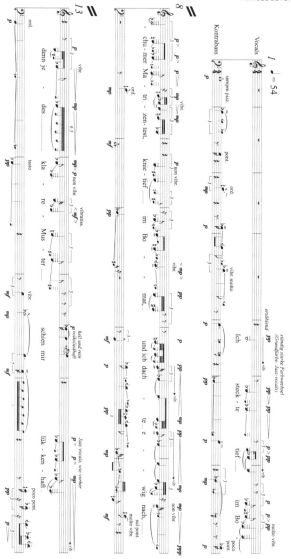

← Abb. 3: Enno Poppe **IQ. Testbatterie in acht Akten.** © 2012, G. Ricordi & Co Bühnen- und Musikverlag, Berlin. Abgedruckt mit freundlicher Genehmigung von Hal Leonard MGB Srl – Italien.

MARCEL BEYER IM GESPRÄCH MIT DER HÖRSPIELREGISSEURIN
IRIS DRÖGEKAMP TEXT FÜR DAS RADIO
MODERATION: ANJA LEMKE. KÖLN, 17. NOVEMBER 2015

ANJA LEMKE: Mit der Regisseurin Iris Drögekamp hat Marcel Beyer drei Radiostücke für den Südwestrundfunk produziert. Neben einem Feature über seine Zusammenarbeit mit dem Komponisten Enno Poppe sind zwei große Hörspiele entstanden. 2010 das für den Deutschen Hörspielpreis der ARD nominierte Stück *Birding Babylon* und 2013 eine Hörspieladaption des Romans *Flughunde*. *Birding Babylon* basiert auf dem gleichnamigen Buch des US-amerikanischen Soldaten Jonathan Trouern-Trend, der 2004 im Irak stationiert war. Der zunächst als Blog und 2006 in leicht veränderter Form unter dem Titel *Birding Babylon. A Soldier's Journal from Iraq* als Buch publizierte Text wurde 2008 von Robin Detje ins Deutsche übersetzt und ist mit einem Vorwort von Marcel Beyer im Berlin Verlag erschienen. Trouern-Trend, ein passionierter »bird watcher« schildert darin ein Jahr lang detailliert seine Vogelbeobachtungen im Camp Anaconda während des Zweiten Irakkriegs.

Marcel Beyer, wie ist die Idee entstanden, aus *Birding Babylon* ein Hörspiel zu machen?

MARCEL BEYER: Der Gedanke, den Text für das Radio zu bearbeiten, kam mir, während ich das Vorwort zu diesem Buch von Jonathan Trouern-Trend schrieb. Daraufhin habe ich erste Versuche angestellt und dabei zunächst bemerkt, dass *Birding Babylon* merkwürdigerweise so gut wie kein akustisches Geschehen enthält.

Auf den ersten Hörspielentwurf folgten dann noch zwei, drei weitere Fassungen, bei denen Iris und ich zusammen mit Friederike Roth intensiv daran gearbeitet haben, tatsächlich ein akustisches Geschehen erst zu entwickeln.

AL: Das Erstaunliche und Irritierende an diesem Stück ist ja der Umstand, dass es sich um ein Kriegstagebuch handelt, in dem vom Krieg überhaupt nicht die Rede ist.

MB: Ja, warum kommt der Krieg nicht vor, in diesem Vogelblog? Ganz einfach, weil der Autor ein Soldat ist, der keine militärischen Geheimnisse an die Öffentlichkeit geben darf. Der Krieg ist aber dennoch spürbar und an den Lücken zu erkennen, die im Tagebuch klaffen, Tage und Wochen, an denen der Autor nicht dazu kommt, Blogeinträge zu verfassen. Wer sich die Mühe macht, diese Ereignisse anhand der Zeitungs- und Fernsehnachrichten nachzuvollziehen, erkennt, dass genau zu dieser Zeit Anschläge verübt wurden oder sich die US-Einheiten nicht auf ihrer Basis aufhielten.

AL: Ich würde gerne den Prozess vom stummen Text zum akustischen Geschehen ein bisschen nachzeichnen. Die Frage richtet sich deshalb zunächst an den Schriftsteller, der es gewohnt ist, mit stummem Text zu arbeiten. Schreibt man anders, wenn man weiß, dass es sich um einen Text handelt, der darauf ausgerichtet ist, sich in ganz unterschiedlichen Klangdimensionen zu entfalten und mit Musik und Geräuschen gemeinsam inszeniert zu werden? Und wann kam Iris Drögekamp ins Spiel? Ab welchem Punkt haben Sie gemeinsam an dem Text gearbeitet?

MB: Ich kannte Iris schon lange und wollte den Text von Anfang an mit ihr gemeinsam adaptieren. Daher habe ich weniger in dem Bewusstsein begonnen, der alleinige Autor des Hörspielmanuskripts zu sein, denn als Hälfte eines gleichberechtigten Duos. Auch habe ich anfänglich nicht begriffen, dass man für ein Hörspiel nicht einfach fünfzig, sechzig, siebzig Minuten lang Vogelnachrichten vorlesen lassen kann. Ich glaubte zunächst tatsächlich, das sei interessant genug. Zum Glück haben Iris und ich aber sehr früh Material ausgetauscht. Denn wir hatten ja damals plötzlich unglaublich viel davon zur Verfügung. 2010 hatte ich zum ersten Mal einen vernünftigen Internetanschluss und begonnen, diesen intensiv für meine Recherchen zu nutzen. Iris und ich schickten uns ständig Youtube-Links zu und hatten dabei das Gefühl, an einer ungeheuren Entwicklung teilzuhaben. *Social Media* war bereits im Kommen, doch zunächst fand vieles in Foren statt. In die bin ich eingetaucht, um mich in den Slang der Soldaten und auch in diese irrwitzigen Abkürzungen einzufinden, die sie benutzen. Nicht nur deren Vielzahl ist verwirrend, sondern auch die Tatsache, dass Abkürzungen je nach Arbeitsbereich unterschiedliche Bedeutungen haben. Das heißt in der Küche bedeutet dieselbe Buchstabenkombination etwas anderes als vor der Tür. Die Soldaten wechseln immer wieder den Schlüssel, um an den geheimen Code des jeweiligen Lebensbereichs zu kommen. Das ist ganz wichtig beim Militär. Wer das nicht beherrscht, verweigert sich gewissermaßen einer gemeinsamen Mission. Und zu diesen sprachlichen Eindrücken kam das visuelle Material, das bei Youtube zu finden war. Typisch waren etwa die täuschend echten Inszenierungen von gefährlichen Tieren: Die Soldaten filmten beispielsweise ein Insekt so, als wäre es riesenhaft. Darüber hinaus stieß ich auf komische Musikvideos von irakischen Bands, aber genauso auf sehr erschreckende Antiirakilieder, die von Soldaten gedichtet und sofort hochgeladen wurden.

In diesem ganzen Irrsinn, in dem ich da unterwegs war, hat sich mir eine – im Tagebuch abwesende – akustische Dimension erschlossen, dieser ungeheure Lärm und der Geräuschmüll, der amerikanische Soldaten umgibt. Man muss sich das nicht nur als Kriegsgeheul vorstellen, sondern da wird auch permanent gebaut, zum Beispiel ein »Burger King« oder ein »Starbucks«, permanent fliegen Flugzeuge, permanent dröhnt Verkehr. Da wurde mir erst klar, dass jene Momente, die sich ein Soldat für eine Vogelbetrachtung in aller Stille herausnimmt, äußerst kostbare Momente waren.

AL: Iris Drögekamp, wie hat sich der Transformationsprozess vom stummen Text zum akustischen Stück aus Ihrer Sicht vollzogen?

IRIS DRÖGEKAMP: Zunächst möchte ich noch einmal darauf hinweisen, dass Marcel Beyer und ich nicht allein, sondern gemeinsam mit Friederike Roth als Dramaturgin an der Adaption gearbeitet haben. Sie ist nicht nur Dramaturgin, sondern auch Lyrikerin und Theaterschriftstellerin, und das heißt, sie weiß sehr genau, was für eine gelungene Hörspielfassung vonnöten ist.

Doch ich persönlich habe anfangs vor allem danach gesucht, was den Text eigentlich interessant macht. Denn es war ja tatsächlich unmöglich, schlicht diese Beobachtungen lesen zu lassen. Ich fragte mich daher, was passiert da, wie groß ist dieses Camp Anaconda eigentlich und wie sieht es vor Ort aus.

Das Camp ist riesig. Es war die zweitgrößte US-Basis im Irak. Zu Hochzeiten lebten dort um die achtundzwanzigtausend Soldaten und etwa achttausend Zivilisten. Dort befand sich das zentrale Logistikzentrum, es gab ein Kino und zwei Schwimmbäder. Wir haben uns das auf Satellitenbildern angeguckt, und erstaunlicherweise sind wir bei unserer Recherche 2009 ausgerechnet auf Aufnahmen von 2004 gestoßen, eben aus der Zeit, in der Trouern-Trend vor Ort war. Wir sahen sogar diesen Teich, von dem er schreibt, das war alles ein bisschen erschreckend und seltsam.

Dann stellte ich mir die Frage, welche Art Musik sich für dieses Stück eignet. Damals kursierte eine Liste von Songs, die in Guantanamo zur »weichen« Folter verwendet werden, darunter Kinderlieder aus der Sesamstraße, von Barney the purple dinosaur mit *I Love You, You Love Me, We're a Happy Family* über Queens *We Are the Champions* bis zu Drowning Pool mit *Let the Bodies Hit the Floor* oder *The Birdie Song* von The Tweets. Die gesamte Musik, die sie jetzt in diesem Hörspiel hören, ist eine Sammlung aus Foltermusikausschnitten, immer nur angedeutet, nie ausgespielt, teilweise lieblich inszeniert, um dann wieder die beschriebene Handlung zu konterkarieren.

Wir haben zwei Jahre an dem Manuskript gearbeitet, bis ich dann damit ins Studio gegangen bin, und für mich hat sich der Krieg auf diese Weise noch mal ganz anders dargestellt. Für mich wurde Trouern-Trend, ein Sanitätsoffizier, zum Anlass, mich mit den Klangfarben einer mir bis dahin unbekannten Welt und mit ungehörten Vogelrufen zu beschäftigen.

Letztendlich entschieden wir uns dafür, das Stück mehrsprachig zu mache, also arabisch, amerikanisch, deutsch, und auch den Terror reinzubringen. Ich finde diese Gegensätze zwischen militärischen Geräuschen und Vogellauten sind oft seltsam schön und bizarr, sie sorgen für Reibung, und darum ging es bei der akustischen Umsetzung: um die Inszenierung der Lücke und des Risses.

AL: Was mich fasziniert hat, das klang eben schon an, ist der Übersetzungsprozess, der im Hörspiel selbst inszeniert wird. Wörter aus verschiedenen Sprachen werden quasi aneinander weitergereicht, sodass sich Klänge zwar »die Hand reichen«, dabei aber ihre Bedeutungen verlieren. Dann gibt es eine Reihe von Momenten, wo der Bedeutungsverlust ganz drastisch durch Abbruch hörbar wird. Auf der anderen Seite gibt es auch Übersetzungsprozesse, die Kommunikation bedeuten. Zum Beispiel wenn Trouern-Trend sein Arabischbuch herausholt, um ein Gespräch über Vögel zu führen.

ID: Ja, mit harten Unterbrechungen haben wir in der Sprache wie in der Musik gearbeitet, auch weil im Camp selbst ein ruhiges und gleichmäßiges akustisches Fließen nicht existierte. Besagtes Kinderlied etwa hört plötzlich mittendrin auf, ein Soldat, gespielt von Aljoscha Stadelmann, spricht weiter, und mit einem Mal erklingt das Folterlied wieder. Dabei gibt es keine Blenden, keine weichen Übergänge, keine Crossfades, sondern alles ist extrem hart geschnitten, damit Gegensätze aufeinander prallen und unverbunden nebeneinander stehen. Die Pausen vor den jeweiligen Einträgen des Tagebuchs sind gezielt gesetzt, da ist nichts willkürlich.

AL: Wie muss ich mir den Produktionsprozess im Studio konkret vorstellen? Werden zuerst die Wortaufnahmen mit den Schauspielern gemacht und anschließend kommen Musik und Geräusche dazu? Oder läuft das parallel?

ID: Meistens arbeite ich erst einmal mit der Dramaturgie und dem Autor am Manuskript, in unserem Fall war dies sehr schön und intensiv. Wir haben uns zum Beispiel viel über das Material einer Nichtregierungsorganisation, der »ACLU – American Civil Liberties Union«, ausgetauscht. Die hatte angefangen, Material über den Irakkrieg ins Netz zu stellen.

Wenn das Manuskript fertig ist, überlegt man sich gemeinsam mit dem Besetzungsbüro, wen man für welche Rolle haben möchte. Hat man ein gutes Ensemble zusammen, was meistens schon die halbe Miete ist, geht man ins Studio. Idealerweise werden dann für eine siebzigminütige Produktion drei bis vier Tage Wortaufnahmen gemacht.

Im Vorfeld hat man schon die gewünschte Musik aufgelistet, die nun eine Regieassistenz zusammensucht. Bei diesem Hörspiel wollte ich von der Assistenz nicht nur die Musik, sondern auch viele der Songtexte zur Verfügung gestellt bekommen, um auch damit arbeiten zu können. Darüber hinaus waren verschiedene Vogelstimmensammlungen von Interesse, etwa die wunderbare Macaulay Library der Cornell University, das Tierstimmenarchiv des Museums für Naturkunde in Berlin, und eine Sammlung von siebzehn CD's mit den Vogelstimmen Vorderasiens, aus denen wir uns Material zusammensuchten. Alles, was sie im Stück hören, sind Originalvogelstimmen, die jemand gesammelt hat. Ein Hinweis auf die Sammler als Rechteinhaber muss natürlich auch erfolgen.

Dann fängt man zusammen mit Toningenieur und Tontechnik zu montieren an, legt Wort, Musik, Geräusch übereinander und schiebt alles solange hin und her, bis es vom Timing so ist, wie man es haben möchte. Material und Prozess sind ja mittlerweile digital, das heißt eine Sekunde ist in fünfundzwanzig Frames unterteilt, die leicht zu verschieben sind. Man entscheidet also zum Beispiel: »Oh ich möchte dieses Wort sieben Frames später oder früher hören«, und schiebt es im Schnittsystem auf der Zeitachse nach rechts oder links. So montiert und mischt man, hört sich an, ob es funktioniert oder eben nicht, und ändert gegebenenfalls wieder.

AL: Sie haben bereits die abrupten Schnitte angesprochen, die das ganze Stück aggressiver machen. Was mich noch interessieren würde, ist die Entscheidung für diesen Hund, der im Stück immer wieder auftaucht, der aber in Trouern-Trends eigenen Beobachtungen nicht vorkommt. Einmal ist da zu hören: »Wir gehen mit dem Hund nicht zu den Gefangenen rein«, womit die 2004 und 2006 ans Licht gekommene Folter im Gefängnis von Abu Ghuraib mit aufgerufen ist, bei der gezielt Hunde eingesetzt wurden, um Gefangene einzuschüchtern. War Ihnen das von Anfang klar, dass Folter eine Rolle spielen muss, wenn Sie über den Irakkrieg ein Stück machen? Denn bei Trouern-Trend sind die Misshandlungen ja abwesend wie der Krieg insgesamt. Wenn überhaupt, dann wird die Bedrohung des eigenen Lebens spürbar und nicht die Täterrolle der Soldaten. Wie kam es zu der Entscheidung, den Fokus in diese Richtung zu verschieben?

MB: Im ersten Manuskript war der akute Krieg, war auch die Folter in Abu Ghuraib noch nicht präsent. Später erst haben wir gemerkt: Wir müssen diese stille Vogelbeobachtung gegen den Kriegslärm und das Kriegsgeschehen ausspielen, die müssen gegeneinander kämpfen im Stück. Und der vogelbeobachtende Sanitätsoffizier kann ohne den Folterer nicht gedacht werden.

Da Iris mich auf die Initiative der ACLU hingewiesen hatte, lagen mir ungefähr tausend Seiten Vernehmungsprotokolle im Zusammenhang mit Abu Ghuraib vor. Auch wenn in den Dokumenten bis zu neunzig Prozent geschwärzt sind, wird bei der Lektüre deutlich, welche perverse Logik aufseiten der Militäraufklärer herrscht. Das Vergehen und seine Aufklärung folgen exakt demselben Prinzip. Dabei geht es nur darum, gewisse Fehltritte zu korrigieren, grundsätzlich wird die Vorgehensweise keineswegs infrage gestellt. Nicht Folter wird abgelehnt, sondern Kompetenzüberschreitung. Als entwickelten kleine Gemeinschaften, in denen jeder jeden kontrolliert, nun einmal eine gewisse Eigendynamik, und diese Eigendynamik wäre hier bloß ein bisschen zu groß geworden, und da hätten eben ein paar Soldaten Häftlinge gefoltert. Aber deshalb wäre nicht grundsätzlich etwas faul am ganzen System.

AL: Ab und zu wären bloß ein paar außer Kontrolle geraten?

MB: Genau, und die müssten nun zur Ordnung gerufen werden, irgendwohin versetzt, wo sie keinen Schaden anrichten und die Öffentlichkeit sie vergisst. Diese tausende Seiten von Material waren nicht leicht zu lesen. Systeme von Sondermoral versteht nur, wer sich so weit hineindenkt, bis er selbst so tickt. Das gilt auch für Weltsysteme, die man instinktiv ablehnt, weil sie unmenschlich sind.

In Abu Ghuraib, das ist allgemein bekannt, wurden Hunde zur Einschüchterung der Gefangenen eingesetzt. Die Bilder, von diesen Hunden im Gefängnis, werfen Fragen auf. Ist der Hund, der keine Moral hat, hier bloß ein Werkzeug seines Hundeführers oder ist er Sinnbild für das Animalische? Was verkörpert der eigentlich? Auch die Vernehmungsprotokolle mit den Hundeführern, die ich als kaltschnäuzig empfunden habe, sind da sehr vielsagend. Da heißt es beispielsweise: »In der Frage, wie weit mein Hund gehen darf, verlasse ich mich ganz auf den gesunden Menschenverstand.« Im Hörstück spricht ein Schauspieler, den Iris sehr passend ausgesucht hat, exakt denselben Wortlaut, wie das Stück überhaupt keinen hinzuerfundenen Text enthält, ich habe das alles genau so vorgefunden.

ID: Ja, in dieser Szene kulminiert einiges und wird ad absurdum geführt. Zum einen die große Angst der Gefangenen vor den Hunden, der vermeintlich gesunde Menschenverstand und dann auch noch die Tatsache, dass die Hunde selbst zu Schaden kommen, wenn sie durch die frisch geputzten Räume gehen. Es ist einfach alles völlig absurd.

AL: Bekommen wir auch noch eine Erklärung zu der Kalligrafie hinter uns? Abb. 1 → S. 129

ID: Das ist eine meiner Listen. Wenn ich Musik auswähle, protokolliere ich immer, worum genau es sich handelt und an welcher Stelle ich sie verwenden möchte, manchmal auch nur, was für eine Klangfarbe und Anmutung, welchen Ausdruck die Musik an der jeweiligen Stelle haben soll. Das ist wichtig für den künstlerischen Prozess – und nebenbei natürlich auch für die GEMA-Abrechnung.

AL: Im Stück geht es viel um Räume. Immer wieder werden »inside« und »outside the Camp« und der Eindruck des Eingeschlossenseins der Soldaten thematisiert. Meine Abschlussfrage wäre: Wie wird diese, so wesentliche Raumaufteilung im Stück hörbar?

MB: Ich würde sagen, diese Konstellation von »Innenraum-Außenraum« war uns von Anfang wichtig, dass das zwei getrennte aber doch unauflösbar miteinander verbundene Bereiche sind. Wer drinnen ist, sehnt sich nach draußen, wer draußen ist, will eigentlich wieder rein. Denn so scheint es auch tatsächlich zu sein. Es ist ein fast schon schizophrenes Leben, das die Soldaten da führen.

ID: Wir haben den Erzähler immer sehr nah mikrofoniert und in einem sogenannten schalltoten oder reflexionsarmen Raum aufgenommen, sodass wir nachträglich Räume hinzufügen konnten. Später während der Mischung im Studio werden dann die aufgenommenen Stimmen mittels verschiedener Effektgeräte in die gewünschten Räume gesetzt. Ein Hörspielstudio ist groß, da haben wir rund vierhundert Quadratmeter zur Verfügung, von denen zweihundert Quadratmeter als Reflexionsraum dienen. Dorthinein kann man kleine Szenen bauen, wie auf einem Film-Set zum Beispiel mithilfe von verschiebbaren Wänden, das sind dann die lebendigen Aufnahmen. Mit den vorhandenen reflexionsarmen und reflexionsreichen Wänden und Böden ist es möglich, naturalistisch zu inszenieren. Da gibt es zum Beispiel einen Spielflur, der besteht nur aus Kacheln, Dusche, Waschbecken und einem großen Samtvorhang. Darüber hinaus stehen in der Regie ganz viele akustische Effektgeräte zur Verfügung, und die können zum Beispiel einen Holzraum imitieren oder den Hall des Taj Mahal. Tatsächlich heißen die Effekte so. Man kann Tontubes, metallische Halle, draufsetzen und Außenreflexionshalle erzeugen, je nachdem, welche Räumlichkeiten man abzubilden versucht. Erinnerungshall zum Beispiel ist immer ganz schwammig und wolkig.

AL: Die zweite gemeinsame Produktion von Marcel Beyer und Iris Drögekamp war 2013 eine Hörspielfassung von Beyers Roman *Flughunde* für den Südwestfunk. Wer den Roman kennt, fragt sich unweigerlich, warum das eigentlich so lange gedauert hat?

MB: Ich hatte mal 1996, also kurz nach Erscheinen des Romans, einen eigenen Versuch unternommen, eine Hörspielbearbeitung zu schreiben. Das wurde aber keine Adaption, sondern ein neuer Text, und der ist in einer Schublade verschwunden. Ursprünglich war ein Hörspiel beim Westdeutschen Rundfunk geplant, dann wanderte das Vorhaben zum Bayerischen Rundfunk und verlief irgendwann im Sande. Ich nahm dies als Bestätigung meiner ursprünglichen Überzeugung, dass *Flughunde* keineswegs so leicht akustisch umzusetzen ist, wie man vielleicht auf Anhieb glaubt. Alles für ein Hörspiel Notwendige scheint bereits im Text zu stecken: Als eine Hauptfigur hat man einen von der menschlichen Stimme faszinierten Akustiker, der Anfang der 1940er Jahre in Diensten des nationalsozialistischen Politikapparats steht. Er ist bei öffentlichen Reden ebenso zugegen wie bei Rundfunkaufnahmen: Die Vorstellung, entsprechende Szenen ließen sich im Handumdrehen mit O-Ton aus den historischen Archiven umsetzen, mag verlockend klingen. Nicht umsonst aber tauchen im Roman auch Tonaufzeichnungen auf, die kein Mensch je gehört hat – heimliche Aufnahmen, die der Akustiker Hermann Karnau von den Gesprächen macht, die Helga Goebbels und ihre Geschwister vor dem Einschlafen führen, die Schmerzensschreie von Gefolterten, oder, als Kuriosum, jene im Roman als berühmt bezeichnete Aufnahme »Der Führer hustet«. Als akustisches Geschehen existieren sie lediglich in der Imagination des Lesers. Wie also will man seriös mit dieser Ebene umgehen, wenn man zugleich den Vorrat an historischen O-Tönen heranziehen möchte, die uns allen als Stimmen im Kopf herumschwirren?

AL: Schon bei der Lektüre habe ich mich gefragt, wie wohl jemand, dessen Beruf es ist, mit Akustik, Klang, Ton und Sprache umzugehen, so einen Text liest. Jemand, der sowohl die technischen Komponenten bei der Aufzeichnung und Inszenierung von Stimme detailliert zu beschreiben vermag, als auch darüber nachdenkt, wie gesprochene und medial inszenierte Sprache Emotionen transportieren kann und inwiefern diese Emotionalisierung auch Verführung und Gewalt bedeutet. Iris Drögekamp, hat es für Ihre Arbeit am Hörspiel eine Rolle gespielt, dass es darin dauernd um jemanden geht, der etwas sehr ähnliches tut wie sie selbst?

ID: Mich hat dieses selbstreflexive Moment sehr gereizt. Ich wusste, dass es schon Anfragen gegeben hatte. Mir kam zugute, dass Marcel und ich schon *Birding Babylon* zusammen gemacht hatten, da lag es nahe, dass wir uns auch *Flughunde* vornehmen.

Wir hatten uns bereits lange im Vorfeld Gedanken über eine mögliche Inszenierung gemacht. Anders als bei *Birding Babylon,* wo wir nahezu nur Geräusche verwendet haben, die tatsächlich existieren, haben wir bei *Flughunde* dann abstrakt gearbeitet. Nur kurz haben wir uns Gedanken darüber gemacht, wie und ob wir mit dokumentarischem Material arbeiten könnten.

Dann gewann ich Andreas Bick für diese Arbeit. Bick ist Komponist, Musiker und auch als Akustiker, Künstler und Sounddesigner tätig. Ich kannte ihn schon seit einigen Jahren, und ihm war der Stoff bereits vertraut, hatte er doch Marcel damals, als der Roman erschienen war, direkt darauf angesprochen.

Da war es sehr einfach, ihn für das Projekt zu begeistern, und er hat dem Stück eine ganz neue Soundebene hinzugefügt. Andreas Bick und ich arbeiten sehr eng zusammen. Bei *Flughunde* haben wir allein im Studio zwei Wochen gemeinsam an der Entwicklung einer Soundebene gearbeitet, ganz zu schweigen von seiner Vorarbeit und dem nötigen Finish.

Da Bick selbst im Bereich der Akustischen Kunst arbeitet, hat er einerseits viele Quellen, auf die er zurückgreift, andererseits nimmt er auch unermüdlich neue Musik und Geräusche für seine Projekte auf.

AL: Sie haben für dieses Stück kein Dokumentarmaterial verwendet, sondern alles künstlich erzeugt. Das finde ich insofern interessant, als ja das Lebensthema des Protagonisten Karnau gerade die Suche nach der natürlichen Stimme ist. Der Roman verhandelt Karnaus Wunsch, durch die Zivilisation, durch die Semantik hindurch zu dem durchzustoßen, was »natürlich« ist und den Menschen angeblich ausmacht. Ein Anliegen, das dann in brutalen Menschenversuchen seinen perversen Ausdruck findet. Verhält sich das bei Helga anders? Bei der zweiten Erzählstimme? Oder war Ihr Ansatz bei dieser Stimme ähnlich?

ID: Helga ist ja das älteste Kind von Joseph und Magda Goebbels, und sie erzählt in einer Parallelgeschichte davon, wie Karnau sich um sie und ihre fünf Geschwister kümmern muss. Helga versteht eigentlich nie, was Karnau in seinem Zimmer macht, wenn er diese komischen Schallplatten hört. Und dann nähern sich die Parallelgeschichten allmählich an.

Die Helga-Szenen scheinen zunächst naturalistischer, aber es gibt auch darin total übersteigerte Geräusche, die alle wie mikroskopiert und übergroß erscheinen. Doch wir haben eben nicht nur ein Aufnahmegerät und ein Mikrofon, sondern wir sind den Geräuschen wirklich auf den Grund gegangen. Für diese Art, zu arbeiten, ist Andreas Bick bekannt, dafür, dass er ganz kleine Geräusche enorm vergrößert und die unterschiedlichen Klangspektren herausarbeitet. Typisch ist etwa die Anfangsszene von *Flughunde,* da ist der Raum, diese große Fläche, extrem präsent. Und dann ertönt auf einmal fast mit Nahbesprechungseffekt die Stimme Karnau, gespielt von Jens Wawrczeck. Der hat genau diese Art von Stimme, wie sie im Buch beschrieben ist und wie ich sie unbedingt bekommen wollte. Hinzukommen diese Tropfgeräusche, die sind ja auch extrem nah. So versuche ich, Raum und Distanzen hörbar und Situationen sinnlich erfahrbar zu machen.

AL: Marcel Beyer, wie war es für Sie, zu erleben, dass Ihr Text akustisch zum Leben erwacht? Und wie schwer fiel es Ihnen, den eigenen Roman auf eine Hörspielfassung gekürzt zu sehen?

MB: Hilfreich war vielleicht, dass ich mich gar nicht so gut an meinen Text erinnerte. Ich musste nachschauen, was eigentlich gestrichen worden war. Es ist ja nicht so, dass ich dreihundert Seiten Wort für Wort im Kopf behielte und mich über jeden fehlenden Buchstaben empörte. Ich habe mir Iris' Manuskriptfassung angesehen und dann auf rund drei Seiten kleinere Änderungs- und Kürzungsvorschläge gemacht. Denn auf das Kürzen kommt es während des gesamten Arbeitsprozesses an, bis zur letzten Sekunde.

Und wir haben natürlich vorher viel darüber gesprochen, welche Fallen in diesem Text stecken, wenn man ihn denn zu einem akustischen Geschehen machen will. Und ich glaube, es sind zahlreiche Fallen. Um diese zu umgehen, braucht es Erfahrung. Wenn ich mich allein daran gemacht hätte, wäre dabei etwas Banales herausgekommen. Eine Figur ruft aus: »Oh ich höre ein Geräusch«, und schon vernimmt es auch der Zuhörer … Das wäre dann wie deutsches Fernsehen geworden, völlig uninteressant.

Hört man jetzt aber das Stück, sind Geräusche, von denen die Rede ist, auf interessante Weise als Lücke präsent, oder sie verselbstständigen sich wie im Falle des Tropfens. Der Romantext über einen Regentropfen, der jemandem in den Kragen fällt, ist gestrichen, doch die Textstelle ist übersetzt in akustisches Geschehen. Und dann tropft es durch die ganze Szene hindurch, und der Hörer begreift zunächst: »Aha da tropft irgendwas.« Lauscht er diesem Tropfgeräusch aber aufmerksamer, dann merkt er, dass es extrem artifiziell ist. Es ist eher so, als wollte der Klang den Hörer überlisten, aber der hört gut genug, um zu bemerken: »Moment mal, du blödes Tropfgeräusch, du bist ja gar kein Tropfen. Du bist ja was Künstliches, Gebautes, ein künstlicher Klang. Und ich soll nur dazu gebracht werden, das naturalistisch zu hören.« – Und diese Irritation zieht sich durch das ganze Stück.

AL: Iris Drögekamp, können Sie uns kurz erläutern, was wir auf dieser Abbildung sehen? Abb. 2 → S. 130

ID: Auf diesen beiden Manuskriptseiten sind die verschiedenen Prozesse einer Produktion auf einen Blick sichtbar. Die senkrechten Striche, das sind Takes, die Anzahl der Durchläufe, die ich mit den Schauspielern während der Wortaufnahmen mache. Ein Kreuz mit einem Kreis drum, das heißt zum Beispiel: »Sehr

Name	Album	Titel	Kommentar				
White christmas	Nothing but the best	Frank Sinatra	Wenn es weihnachtet				cheeie....this will be the day that I die. ab 2:25 refrain im chor
Ahmed Muktar	The road to Baghdad- new maqams for Irak	After the war	Traditionell, reduziert, Gerusche mit Zithar?				Anfang Gongschläge und langes Intro 1:40- "you're only young but you're gonna die...prisoners..."
		Arab marshes					
		Iraqi cafe					
		Iraqi kurdish dance					
		Samā'ai Baghdad	Mit trommeln, dboey!				Intro schnell (elektro) ab 2:10 elektronisch ...all the pigs.... endet mit "..everything is alright"
Dilated people	Body of war songs...	War	Trommeln im Vordergrund am anfang	Born in the U.S.A	Born in the U.S.A.	Bruce Sprengsteen	
			Hip hop: "war is for absolutely nothing", Inhalt: für was Krieg da ist, nämlich für absolut gar nix	dlectic Bells	Back in Black	AC/DC	
Talib Kweli	Body of war songs...	bushonomics	Anfang guter beat!......The government must respect the will of the people..." 2:25 "what is hip hop for...for freedom..."	March of the pigs	The downward spiral	Nine Inch Nails	
Immortal technique	Body of war songs...	The 4th branch	Hip hop: 2:47 "fighting for freedom and fighting terror...but what's reality? 2:50 ..."democracy is just a word..." inhalt sehr kritisch:)	Mr. Self distruct	The downward spiral	Nine Inch Nails	Hört sich am Anfang nach Folter an, wechselt ständig zwischen laut und schnell und leise ab 1:50 wird es sehr leise und flüstert: "let me do this to you" ab 3:40 Folter: nervölreiender Sound
El Houssaine Kili	Mountain to Mohammed Kommen aus Marokko	Salamoualeikoum	Hip hop, abwechselnd auf französisch und arabisch "Salamoualelkum"	My name is Slim Shady	Curtain call	Eminem	Anfang: "My name is..." "Hey kids, do you like violence?" ab 3:45 nur instrumental beats
				White America	The Eminem Show	Eminem	Intro Krieg Raketen und "America, we love you...beautiful country.." ab 1:16 refrain "White America"
FOLTERSONGS:				Raspberry beret	Ultimate	Prince	am Schluß 5:19 lacht... "I'm just playing America, you know, I love you!"
2pac	All eyes on me	All eyes on me	Hip hop: about niggaz & bitches	Staying alive	Tales from the brothers Gibb- a history in songs	Bee Gees	Intro lange cooler Beat 0:32 Refrain Stayin alive
America	The Jazz Singer – the Original Soundtrack	Neil Diamond	Heroischer bodyweaderamerikakitschanfang 1:16... "free, only want is to be free...and hang on to a dream"				
American pie	The finest masterpiece of Pop & Rock	Don McLean	ca. 1:00...bye bye miss american pie, drove my				

Abb. 1: Musikliste zu Birding Babylon. © SWR

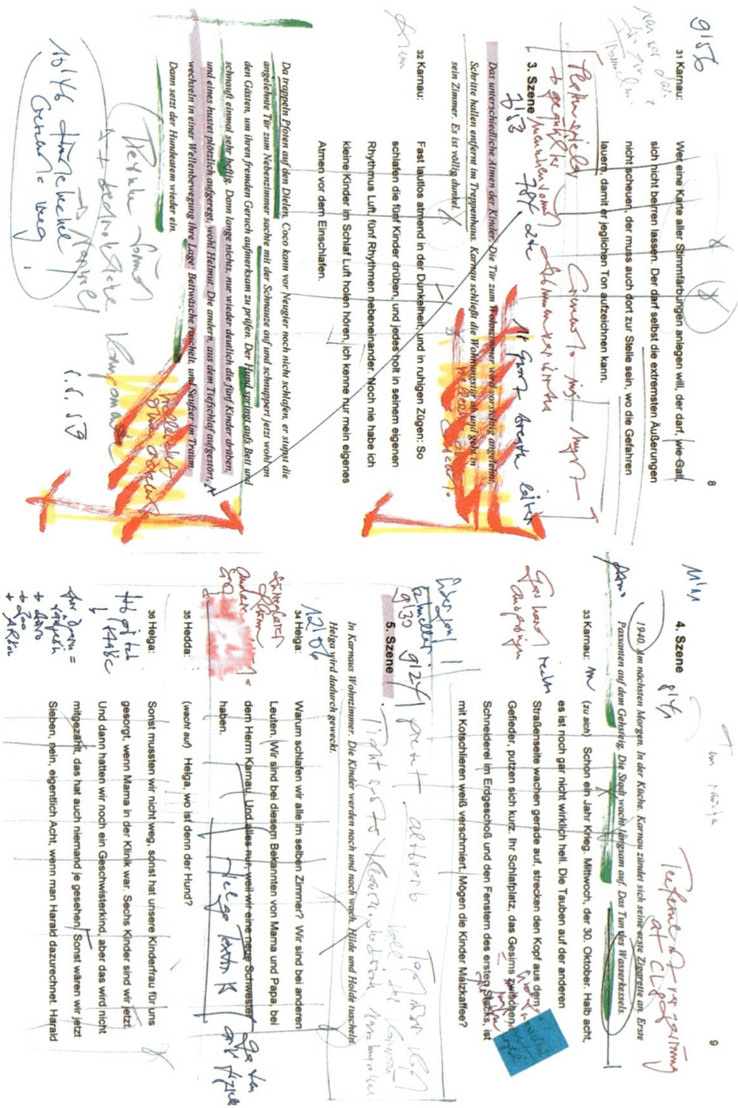

8

31 Karnau: Wer eine Karte aller Stimmfärbungen anlegen will, der darf, wie Gall, sich nicht beirren lassen. Der darf selbst die extremsten Äußerungen nicht scheuen, der muss auch dort zur Stelle sein, wo die Gefahren lauern, damit er jeglichen Ton aufzeichnen kann.

3. Szene

Das unterschiedliche Atmen der Kinder. Die Tür zum Wohnzimmer wird vorsichtig angelehnt. Schritte hallen entfernt im Treppenhaus. Karnau schließt die Wohnungstür ab und geht in sein Zimmer. Es ist völlig dunkel.

32 Karnau: Fast lautlos atmend in der Dunkelheit, und in ruhigen Zügen: So schlafen die fünf Kinder drüben, und jedes holt in seinem eigenen Rhythmus Luft, fünf Rhythmen nebeneinander. Noch nie habe ich kleine Kinder im Schlaf Luft holen hören, ich kenne nur mein eigenes Atmen vor dem Einschlafen.

Da trappeln Pfoten auf den Dielen, Coco kann vor Neugier noch nicht schlafen, er stupst die angelehnte Tür zum Nebenzimmer sachte mit der Schnauze auf und schnuppert jetzt wohl an den Gästen, um ihren fremden Geruch aufmerksam zu prüfen. Der Hund springt aufs Bett und schnauft einmal sehr heftig. Dann lange nichts, nur wieder deutlich die fünf Kinder drüben, und eines hustet plötzlich aufgeregt, wohl Helmut. Die andern, aus dem Tiefschlaf aufgestört, wechseln in einer Wellenbewegung ihre Lage: Bettwäsche raschelt, und Seufzer im Traum. Dann setzt der Hundeatem wieder ein.

9

4. Szene

1940. Am nächsten Morgen. In der Küche. Karnau zündet sich seine erste Zigarette an. Erste Passanten auf dem Gehsteig. Die Stadt wacht langsam auf. Das Tun des Wasserkessels.

33 Karnau: (zu sich) Schon ein Jahr Krieg. Mittwoch, der 30. Oktober. Halb acht, es ist noch gar nicht wirklich hell. Die Tauben auf der anderen Straßenseite wachen gerade auf, strecken den Kopf aus dem Gefieder, putzen sich kurz. Ihr Schlafplatz, das Gesims zwischen Schneiderei im Erdgeschoß und den Fenstern des ersten Stocks, ist mit Kotschlieren weiß verschmiert. Mögen die Kinder Malzkaffee?

5. Szene

In Karnaus Wohnzimmer. Die Kinder werden nach und nach wach. Hilde und Holde tuscheln. Helga wird dadurch geweckt.

34 Helga: Warum schlafen wir alle im selben Zimmer? Wir sind bei anderen Leuten. Wir sind bei diesem Bekannten von Mama und Papa, bei dem Herrn Karnau. Und alles nur, weil wir eine neue Schwester haben.

35 Hedda: (wacht auf) Helga, wo ist denn der Hund?

36 Helga: Sonst mussten wir nicht weg, sonst hat unsere Kinderfrau für uns gesorgt, wenn Mama in der Klinik war. Sechs Kinder sind wir jetzt. Und dann hatten wir noch ein Geschwisterkind, aber das wird nicht mitgezählt, das hat auch niemand je gesehen. Sonst wären wir jetzt Sieben, nein, eigentlich Acht, wenn man Harald dazurechnet. Harald

Abb. 2: Regiemanuskript zu **Flughunde.** © Iris Drögekamp.

gut, dies ist meine favorisierte Fassung für die Montage«. Und so montiert und mischt man hübsch vor sich hin und streicht am Ende doch die ganze Szene ... Darüber hinaus sehen Sie Anmerkungen wie: »Übergang schneller«, »crescendo weg«, »surrealer Raum«, das sind Anweisungen für die Mischung, all das notiere ich mir auf den Manuskriptseiten. Wir sind am Ende auf über tausendfünfhundert Takes Wortaufnahme gekommen. Das muss natürlich genau protokolliert werden. »Plattenspieler plus gequälter Sound« ..., das überlege ich mir alles schon im Vorfeld.

MB: Auf einen Wesentlichen Unterschied zu *Birding Babylon* möchte ich noch hinweisen. Schon gleich zu Beginn von *Flughunde* war klar, dass Dialoge eine wesentliche Rolle spielen, und solche kommen bei *Birding Babylon* gar nicht vor, weder im Vogelbeobachtungstagebuch noch im Hörspiel. Hier sprechen zwar Leute parallel in sehr vielen Sprachen, aber es ist bloß, als säßen sie in einem Sprachlabor nebeneinander, es findet keinerlei Dialog statt. Figuren zu haben, die miteinander sprechen und die einander zum Sprechen bringen, macht hingegen eine psychologische Ebene notwendig, weshalb Iris bei der Dialogregie ganz stark auf psychologische Aspekte achten musste. Die akustische Spur, die wiederum Andreas Bick baute, hatte deshalb umso mehr die Aufgabe, auf großer Künstlichkeit zu bestehen. Ich hab dieses heikle Spiel von Psychologie und Künstlichkeit einmal bei einer Lesung in Australien miterlebt, da fing die Dame, die das Lesen der englischen Fassung übernommen hatte, plötzlich zu weinen an, aber mit einem derart artifiziellen Theaterweinen, dass ich dasaß mit Gänsehaut wie ein aufgetautes Suppenhuhn. In der akustischen Umsetzung ging hier der Text dermaßen daneben, dass mir geradezu körperlich unwohl wurde.

ID: Es ist so, dass sich der Großteil der Schauspieler und Schauspielerinnen immer freut, wenn er ins Hörspielstudio kommt. Die Zeit im Studio ist begrenzt und wird intensiv genutzt. Es handelt sich nur um wenige Stunden, nicht wie auf dem Theater um sechs Wochen Probenzeit. Ulrich Matthes und Corinna Kirchhoff spielen im Stück das Ehepaar Goebbels und sind dafür nur für zweieinhalb Stunden ins Studio gekommen, das heißt wir haben die beiden tatsächlich in dieser Kürze aufgenommen. Das ist der totale Wahnsinn und geht natürlich nur, wenn ich Vorgespräche mit den Schauspielern führe und wir uns darüber austauschen, wie wir den Text verstehen. Darüber hinaus weiß ich natürlich, wer Ulrich Matthes ist, wie er spielt, und dass er diese Art von Überdrehtheit erzeugen kann, die dir, Marcel, so gut gefällt. Aber es liegt tatsächlich eine unheimliche Intensität in dieser schauspielerischen Arbeit, auch weil sie sich so kompakt auf eine kurze Zeitspanne konzentriert und wir in dieser Zeit nur an und mit der Stimme arbeiten. Darin liegt der ganze Ausdruck!

Versuchen Sie es einfach, wählen sie zum Beispiel einen Dokumentarfilm, und schließen sie, während er läuft, die Augen. Der Text wirkt auf einmal ganz anders, der funktioniert oft nur zusammen mit dem Bild. Eben dieses steht uns aber nicht zur Ablenkung zur Verfügung. Das wissen auch die Schauspieler, die sich einzig und allein auf ihre Stimme verlassen.

AL: Nach diesem schönen Plädoyer für die Stimme und das Wort bleibt mir nur noch, mich ganz herzlich bei Ihnen beiden für das Gespräch zu bedanken.

HÖRSPIEL

DIE NOTWENDIGE LEKTÜRE. ZUR SPRACHE UND POLITIK DER LITERATUR IM WERK MARCEL BEYERS[1]

MAXIMILIAN MENGERINGHAUS

Es existiert die Redewendung vom Beifall von der falschen Seite. Sie findet immer dann treffende Verwendung, wenn eine eigentlich als moralisch integer geachtete Instanz eine Entscheidung trifft oder eine Aussage tätigt, die oberflächlich betrachtet wie ein Zugeständnis an ihre demagogischen Widersacher anmutet. Unter Vorsatz wird ein meist unbedachter Ausspruch derart aufgefasst und verdreht, dass sich ihm Radikale einer jeden Façon hämisch anschließen, in heller Freude darüber, unterstellen zu können, eine öffentliche Meinung würde kippen, ihr eigenes antipluralistisches Gedankengut würde salon- und mehrheitsfähig. Der Beifall von der falschen Seite steht sinnbildlich für die manipulativen Mechanismen der nach nichts weiter als Macht Strebenden. Nicht nur die Politik hat immer wieder mit solchen Infiltrierungen zu kämpfen. Die Struktur der Sprache lässt es in ihrer Offenheit zu, allgegenwärtig korrumpierbar zu sein – wenn auch die Spuren dieser Korruption sich nicht einfach verwischen lassen, immer Rückstände dieser Gewaltakte gegen die Sprache bei genauem Hinsehen, exaktem Lesen sichtbar bleiben. Die Literatur weiß nur allzu gut um die Bedrohung des Beifalls von der falschen Seite, aus welcher ideologischen Ecke er auch immer erklingen mag. Über die Jahrtausende haben Despoten sich darum bemüht, die Literatur – teils gegen deren Willen, teils unter deren eigenem geblendeten und begeisterten Applaus – vor ihren Karren zu spannen. Von der *Politik der Literatur* haben sie nichts verstanden. Um ein Gedicht zu verstehen, braucht es indes nicht mehr, als sich immer wieder in der Kunst des Lesens, den Verläufen der Lektüre zu schulen. Diese Kunst ist hermetisch in dem Sinne, als dass sie sich nicht aus einem Lexikoneintrag erlernen oder aus unlauteren Motiven vereinnahmen lässt.

Die durchdachten Abwehrstrategien, mit denen die Politik der Literatur den Übernahmeversuchen der Macht begegnet, finden sich in Marcel Beyers Gedicht *Bienenwinter*[2] eindrucksvoll in Szene gesetzt. In diesem elfteiligen Zyklus stößt der Leser auf das Verstehen als Ursache einer Katastrophe: Wo es nicht eintritt, wo das Missverständnis aus dem borniertem Selbstverständnis erwächst, nicht mehr übersetzen zu müssen, alles bereits in seiner Bedeutung durchschaut zu haben, da endet das Gespräch, da beginnt direkt die Gewalt und setzt ein mit gefürchteten Telefonanrufen.[3] Im zweiten Abschnitt von *Bienenwinter* wird der Diktator Josef Stalin beobachtet, Freund und Förderer mancher Schriftsteller und Henker noch so vieler mehr. Stalin, der den Liriki einst 1932 den Auftrag erteilte, hinaus zu gehen und das Wort von der unanfechtbaren Gültigkeit der eigenen Superiorität zu predigen; aber bitte in deutlicher, einfacher Sprache wohlgemerkt – denn so und nicht anders lautet die ästhetische Losung, nach der in der Sowjetunion der 1930er Jahre gesungen werden sollte. Schriftsteller sind Stalin jene »Ingenieure der Seele«[4], die das geistige Sowjetreich als Vor- und Abbild formen sollen. In *Bienenwinter* tritt Stalin, der selbst deklarierte, auf Geheiß als solcher besungene Vater der Völker, als Imker auf, der doch nicht verschleiern kann, niemals mehr als ein Machtmensch zu sein, völlig gleichgültig, wie kunstbeflissen er sich geben mag. Stalin bleibt er selbst: »der Mann / hat Maeterlinck gelesen, aber / nicht verstanden.«[5] Verstehen wird der Leser Stalin die Widerstandskraft eines Gedichts nie. Im Gegensatz dazu wächst, trotz der sich omnipotent wähnenden Verfügung über Leben und Tod, die paranoide »Furcht: bald dichten sie nicht mehr / für ihn, bald kommt die Zeit / der Drohnenschlacht, dann geht / es dir an die gekürzte Honigode.«[6] Wer die egalitäre Hingabe der Literatur nicht versteht[7], die sich weigert, einem anderen Zweck als der Emanzipation aller Subjekte zu dienen – denn das alleine ist unter Gleichheit zu verstehen und macht diese zu einem hehren Ziel –,[8] kann sie nicht durch die Androhung des Todes erzwingen. Mandelstams späte, verzweifelte Ode auf Stalin hätte es wahrlich nicht mehr gebraucht, um dies zu demonstrieren. Wo seine Macht ihre Grenzen hat, die nur er, Stalin, nicht sieht, mag die folgende kleine Szene beschreiben, die nach der perfide geplanten Heimholung des beim sogenannten Volk hoch geachteten Maxim Gorki aus dem italienischen Exil stattgefunden hat:

Im darauffolgenden Frühjahr [1930, Anm. M. M.] steht für Gorki die Millionärswohnung in Moskau an der Malaja Nikitskaja bereit. Es ist die Villa Stepan Rjabuschinskis, des steinreichen Handelsmagnaten, der auf der Flucht vor den bolschewistischen Horden sein Haus samt Mobiliar zurücklassen mußte. Wie ein besorgter Vater kommt Stalin regelmäßig zu Besuch. Bei einer dieser Gelegenheiten trägt Gorki sein Gedicht »Die Jungfrau und der Tod« vor. Daraufhin nimmt sein Gast den Band und kritzelt quer über die ganze Seite: »Besser als Goethes Faust! Liebe überwindet den Tod. J. Stalin.«[9]

Hier versteht einer seine Sache nur zu gut – und gleichzeitig absolut nichts von der Literatur. *Die Appellstruktur der Texte*[10], die dem Leser das Angebot macht, bewusst gesetzte Leerstellen im Text mit Bedeutung zu füllen, wird von einem Leser, wie Josef

Stalin einer ist, ignoriert. Aus dem Raum für Mehrstimmig-, Mehrsprachig- und Mehrdeutigkeit, dem Gedicht, wird ein uniformierter Gebrauchsgegenstand, der nur einen Zweck erfüllen soll und somit tatsächlich auf diesen zu reduzieren wäre[11], was wiederum die Frage in den Raum stellt: *Wozu* das Gedicht in dürftiger Zeit, wenn es doch so deutlich und schlicht und verständlich sein soll, dass es keines Lesers mehr bedarf, der anhand des Gedichts die Erfahrung der Lektüre als ununterbrochene Teilnahme am Prozess des Verstehens und Verstehenwollens nachvollziehen kann?

Für das Werk Marcel Beyers ist der Streit um genau diese, immer wieder durch einen Leser auszufüllende Leerstelle gleichermaßen essentiell und existentiell. Die (Re-)Lektüre des Textes, die Mehrstimmigkeit der Erfahrungen, die mit, anhand und durch den Text immer wieder zu Gehör kommen will, ist »das einzige wirksame Gegengift gegen den ganzen monolithischen, den fanatischen, den faschistischen und chauvinistischen Schwachsinn in der Poesie und das Reden darüber. Gegen Germanengequatsche.«[12] Wobei dieser Schwachsinn sich parasitär zur Literatur verhält: Auf irgendeine Weise korrumpiert, durch welche Ideologie auch immer motiviert, kann auch der Traum des Gedichts, über sich hinauszuwachsen – Volkslied oder Gebrauchstext zu werden, aus der Sphäre der Kunst ins Leben überzugehen und dort wirken zu wollen –, totalitäre Albträume entfesseln. Für den Leser darf die Angst vor der konstanten Bedrohung, dass das Gedicht vereinnahmt werden kann, um lediglich als Mittel zu ideologischen Zwecken zu fungieren, nicht dazu führen, sich an den Gedanken von der reinen Sphäre der Autonomie der Literatur zu klammern und somit die Augen vor den Hoffnungen des Textes, in welche Richtung auch immer diese gehen, zu verschließen. In Bezug auf Ezra Pound und dessen xenophobe, nach der Landung der US-amerikanischen Truppen in Sizilien und der schrittweisen Befreiung Italiens entstandene Cantos *LXXII* und *LXIII* legt Marcel Beyer seine Überzeugung für den Umgang mit kompromittierten Texten dar:

> Man verstehe mich nicht falsch: ALLES hat Platz in einem Gedicht, meinetwegen auch der Haß, und das letzte, worauf ich die Dichtung verpflichten wollte, wäre das SCHÖNE WAHRE GUTE. Jedoch: Wenn potentiell ALLES Platz in einem Gedicht hat, welche Filter sind dann im Detail bei Ezra Pound wirksam, die aus der suggerierten Vielstimmigkeit, nahezu Unendlich-Vielstimmigkeit der Rede am Ende die Rede doch nur eines einzigen Mundes machen?[13]

Das Verständnis von Poesie müsste ununterbrochen ein diskursives sein, um nicht Gefahr zu laufen, das Gedicht apodiktisch zu verstehen – unabhängig davon, wer man auch sei und in welchem Verhältnis man zum Text steht: ob als Leser oder als Verfasser. Das Verstehen, das sich in der Lektüre einstellt, das verwerfen und korrigieren muss, ist ein dynamisches, eines, das niemals zum Abschluss kommt.[14]

Die Lektüre präsentiert sich dem Leser der Werke Marcel Beyers als genuin dialogisches Prinzip; der Text als Schnittstelle wird immer gedacht als Gespräch: Der Appendix des Romanerstlings *Das Menschenfleisch* beispielsweise stellt den Leser nach der Lektüre vor die Lektüre.[15] Die unscheinbare Formulierung »Zitiert und verwendet werden« – der der Zusatz ›u.a.‹ hinzuzufügen wäre – geht einer kleinen Hitlist von 50 Titeln voran, mit Referenzen von Artaud bis Wittgenstein, mit Stationen bei Benn, Celans *Gesammelten Werken*, den Evergreens Friederike

Mayröckers und Verweisen auf Leiris und Levi-Strauss. Manche dieser Namen fallen uns retrospektiv als Kontinuitäten im Werk Marcel Beyers auf. So haben die aufgezählten Namen allesamt ihre Gastauftritte in *Nonfiction*[16] aus dem Jahr 2003, der eindrucksvollen Sammlung von Essays und Recherchen, die zugleich ein exzellenter Nachweis der philologischen Präzision des studierten Literaturwissenschaftlers ist. All die Namen, die Quellen, sie bilden Anhaltspunkte zur Orientierung. Intertextualität wird dieser Befund genannt, in Texten permanent auf andere Texte verwiesen zu werden, auf Zitate und Anspielungen zu stoßen, die man an anderer Stelle, in einem anderen Text bereits entdeckt hatte. Dem Leser von Literatur ist Intertextualität selbstverständlich; es gehört zum Verstehen von Texten dazu, dass man um die Abhängigkeit eines Textes von anderen Texten weiß. Wovon ein Text allerdings spricht – und nicht nur womit, mit welcher Quelle, welcher tradierten Autorität –, diesen tiefer als die Oberfläche eingegrabenen Spuren zu folgen, helfen erkannte Querverweise alleine nicht weiter. Vielmehr gilt es nachzuvollziehen, wann einer Referenz eine Lektüre zugrunde liegt – also in welchem Fall nicht nur ein Zitat verwendet, sondern auf das Verständnis eines Zusammenhangs, den ein anderer Text präsentiert, zurückgegriffen wird. So wie *Das Menschenfleisch* aller Wahrscheinlichkeit nach mehr Anspielungen und Verneigungen enthält als diejenigen, die uns vom Autor spendiert werden, so sind diese Referenzen wenig mehr als ein Teil der phatischen Kommunikation der literaturwissenschaftlichen Praxis: Zu leicht wird sich die Arbeit gespart, nachvollziehen zu wollen, ob tatsächlich ein Thema erarbeitet wurde, ob es sich um eine Lektüre handelt. Peter Szondi hat in seinen posthum veröffentlichten, teils Fragment gebliebenen *Celan-Studien* unter dem Eindruck der polysemantischen Dichtung seines Freundes Celan deutlich Position gegenüber den Verengungen einer Interpretation bezogen, die darauf abzielt, lediglich *einen* Sinn in einem Text zu suchen und als die *eine* Aussage eines Textes zu präsentieren. Szondi stellt sich derart nicht nur dem Ansatz seines Doktorvaters Emil Staiger und auch der Hermeneutik Hans-Georg Gadamers entgegen, er modifiziert darüber hinaus seine früheren Überlegungen aus dem bekannten *Traktat über philologische Erkenntnis*.[17] Bezogen auf den siebten Abschnitt von Paul Celans *Engführung* bemerkt Peter Szondi zu Celans Wortwahl:

Es wird nicht ausdrücklich gesagt, welcher Flugschatten, welcher Meßtisch, welche Rauchseele es ist. Obgleich es sich um die ›Obscuritas‹ der Rhetorik, die absichtliche Dunkelheit, handelt, kann es doch Aufgabe der Lektüre nicht sein, Hypothesen aufzustellen, die den Sinn dieser Ausdrücke vollständig erklären. Sie hat statt dessen die Dunkelheit zu bemerken und in ihrer Eigenart zu erfassen, ohne zu übersehen, was dennoch und durch sie hindurch, in Erscheinung tritt.[18]

Die Lektüre überwindet in ihrem Nachvollzug des Gangs des Gedichts die Verengung auf den einen Sinn, fragt immer wieder nach der Funktion der Worte[19] und wird der Komplexität des Gedichts erst so gerecht:

Wer Celans Schrift zu ›lesen‹ gelernt hat, weiß, daß es nicht darum geht, sich für eine der verschiedenen Bedeutungen zu entscheiden, sondern zu begreifen, daß sie nicht geschieden sind, sondern eins. Die Mehrdeutigkeit, Mittel der Erkenntnis geworden, macht die Einheit dessen sichtbar, was verschieden nur schien. Sie dient der Präzision.[20]

Solchen, auf Differenzierung bis ins kleinste Detail angelegten Lektüren als feste Bestandteile der Beschäftigung mit der Literatur begegnet der Leser der Werke Beyers. Der Leser Marcel Beyers erfasst die Lektüren des Lesers Marcel Beyer als Gespräch wie auch als Einladung zur Teilnahme an diesem. Die Kontinuität der Lektüre ermöglicht die Entdeckung von etwas, das man als Muster identifizieren möchte. So, wie wenn es heißt: »Wieder ist dir ein Josef in / den Blick geraten«.[21] Joseph Beuys, Joseph Stalin, Josef Weinheber.

Man nehme Josef Weinheber. Die sogenannten Josef-Gedichte, die gewissermaßen den Anfang für die kleine Erbfolge der Josefs in den Texten Marcel Beyers ausmachen, ist eine Folge von Gedichten, die besondere Aufmerksamkeit geschenkt bekommt.[22] Die Genialität und Sprengkraft dieser Gedichte zeigt sich in perfekt arrangierten Szenen. In *Blondes Gedicht* lautet eine solche:

[...] Am

Nebentisch nickt Josef: Dies ist die
Sprache Gotens und Holunderlins.
Gefährlichstes der Güter.[23]

Dieser Josef ist eine lyrische Figur, der lyrische Held einer Sequenz von Gedichten, die Bestandteil eines größeren Textzusammenhangs, eines Kapitels von Gedichten, ist. Als Zyklus konzipiert, zeigt sich das Gedicht hier fernab seiner Kürze, gleichermaßen fern auch der Geschwätzigkeit. Josef Weinheber, dieser erste Josef, der österreichische Lyriker, lebte von 1892 bis 1945. Die Lebensdaten verraten etwas über ihn, doch so überraschend wenig, dass das Gedicht dies vermeintliche Wissen irritiert. Dieser Josef meldet sich eindrücklich in den Gedichten Marcel Beyers zu Wort: Josef erinnert sich, er ist traumatisiert; Josef überhöht die deutsche Sprache zum Leidwesen der Wirkweisen *der* Sprache; Josef dichtet und Josef bringt sich ums Leben.

Und Josef kehrt wieder, als Josef Weinheber, österreichischer Lyriker. Dieser Weinheber verbirgt sich im Werk Oskar Pastiors, wo ihn Marcel Beyer aufsucht. In Beyers Dankesrede zum Oskar Pastior-Preis 2014 macht Josef den Auftakt. Bevor er zu Pastiors Josef Weinheber kommt, gibt Beyer selbst einen Einblick, was sich mit seinem Aufenthalt in Wien Anfang der 1990er-Jahre während der Arbeit am Archiv Friederike Mayröckers in seiner Haltung zum Schreiben veränderte. Beyer erinnert sich an den Schreibprozess seiner ersten Josef-Gedichte – und ihm kommt die Verwirrung der unmittelbaren Rezeption in den Sinn:

Ich war elektrisiert. Rasch entstand, noch in Wien, eine Folge von Gedichten um Momente aus Weinhebers Biographie und mit Zitaten aus seinen Gedichten. Ich wandte mich der Politik zu – man drehte mir »Geschichte« draus, als bediene man sich eines Tricks der Vertriebenenverbände, deren Jahrestreffen in Berlin ich dann 1992 auch gleich einmal besuchen musste.[24]

Versteht man den Autor der Gedichte über Josef Weinheber hier richtig, so haben diese Texte durchaus Verständnisschwierigkeiten hervorgerufen, Fehllektüren provoziert – wobei im Falle der angesprochenen Vertriebenenverbände sich die Frage aufdrängt: Werden hier Gedichte absichtlich auf eine gewisse Art und Weise verstanden, sodass sie besser ins Programm passen? Die Usurpation noch der unbestimmtesten Texte, die nicht auf etwas zeigen, sondern die Oszillation der Sprache zwischen der einzig erstrebenswerten Gleichheit der einzelnen Sprachen[25] und ihrem nationalistischen Terror – jenem penetrant sich haltenden »Germanengequatsche« – als Nebeneinander aufzeigen, scheint niemals ausgeschlossen. Kann es denn im Falle der Josef-Gedichte eine eindeutige Lektüre geben, die es dem Leser verbietet, Politik mit Geschichte, »Geschichte« wie im vorliegenden Zitat in Anführungszeichen, zu verwechseln? Liegt nun nicht die Gefahr wieder nah, der Literatur etwas vorzuschreiben, was ihre Schrift *absichtlich* mehrdeutig artikuliert hat?

Die Aporie, in die der Leser in Anbetracht der kaum auszuhaltenden Spannung zwischen der Freiheit und dem immanenten Auftrag der Literatur gerät, erfordert die Klärung des Begriffs der Politik – allerdings *Begriff* im Sinne von Beschreibungen, »Weltverständlichkeitsformeln« und nicht Werkzeugen[26]; und *Politik* als spezifische Politik der Literatur, als »Interventionsmodus in die Einteilung der Objekte, die eine gemeinsame Welt gestalten, der Subjekte, die sie bevölkern, und der Macht, die sie haben, diese Welt zu sehen, zu benennen und auf sie einzuwirken.«[27] Ausgehend von solchen Überzeugungen stellt sich die Frage, was an Josef Weinheber heute, siebzig Jahre nach dessen Selbsttötung vor dem Hintergrund der nahenden Befreiung Nazi-Österreichs, noch politisch sein kann, wo Weinhebers völkisches Traditionsbewusstsein und seine Ansichten in weltlichen Dingen doch aus nicht nationalistisch verklärter Perspektive so eindeutig fehlgehen, dass sie sich für die Nachwelt selbst schon zur Genüge diskreditieren. Am vermeintlich eindeutigen Beispiel Josef Weinhebers erblickt der Leser allerdings seine Hilflosigkeit darüber, wie man mit Populisten umgehen soll, die das auf Grundlage rationaler Argumentation geführte Gespräch über Politik brüsk abblocken.[28] Es ist verlockend, die Schreihälse und Verschwörungstheoretiker erst gar nicht als im politischen Diskurs befindliche Gegenspieler, sondern unserem aufgeklärten Denken gegenüber so deutlich unterlegen anzusehen, dass die Bemühung, notwendigerweise Position gegenüber denjenigen zu beziehen, über die man sich selbst moralisch und intellektuell erhaben fühlt, kaum noch als nötig erachtet wird. An einem Montagabend hingegen reicht beispiels- und ausschnittweise ein Blick nach Dresden, um sich von der grotesken Wirklichkeit einholen zu lassen. Die Parolen der Pegidisten stehen dem Gezeter der in Dantes *Commedia* für ihren gewalttätigen Zorn auf ewig in die Blutsümpfe des fünften Höllenkreises Verdammten in nichts nach. Pegidas Wutbürger nicht einfach in den Tagesthemen als Pulk zu erblicken, sondern schlimmer noch: die Sprache ihrer hasserfüllten Stimmen zu hören, dies ist auch eine der Lektüren Marcel Beyers, die in dem Furor der Tiraden der hasserfüllten Abendländer gegen alles ihnen in ihrem Horizont nicht Bekannte die Politik der Sprache erblickt.[29]

Verwehrte sich Marcel Beyer in dem Zitat aus der Pastior-Preisrede gegen den Begriff einer »Geschichte«, die er in Anführungszeichen setzt, so darf sich eine Lektüre dieser Dankesrede ihrerseits nicht blind gegen diese Indikatoren, die Anführungszeichen stellen. Vor Jahren hat Marcel Beyer einmal seine lange zurückreichende Faszination für einen Gedichtzyklus T. S. Eliots' geäußert, die *Four Quartets*, ein Zyklus, der zwanzig Jahre nach *The Waste Land* inmitten der Wirren der nazideutschen Attacken auf London abgeschlossen wird.[30] Im Nachwort zu seiner Neuübersetzung schreibt Norbert Hummelt:

Während deutsche Bomber über London flogen und ihre todbringende Fracht abwarfen, hielt Eliot an dem Gedanken fest, daß die heillose Geschichte der Menschheit einmal von der Heilsgeschichte berührt worden war – und seither von einem Muster zeitloser Augenblicke durchwoben ist.[31]

Muster – »pattern« im englischen Original bei Eliot – ist ein Signaturwort jenes Dichters. Er lässt es fallen, obgleich der ganze Nährboden der Gegenwart in den 1940er Jahren lediglich mit verbrannter Erde aufwartet. Wieder ist man als Leser verwundert, liest man vom Interesse Marcel Beyers an der Eliot'schen Gedichtfolge. Um die Faszination nachzuvollziehen, sollte man sich eine maßgebliche Differenzierung ins Gedächtnis rufen. Das Problem daran, die Josef-Weinheber-Gedichte als »geschichtlich« zu betrachten, wie es entgegen der »Logik ihres Produziertseins«[32] dieser Textgruppe widerfahren ist, liegt darin, sie zu entpolitisieren, indem man sie historisiert. Man tut sie und ihre Lektionen ab, indem man sie der abgeschlossenen Vergangenheit zuschreibt.

Erscheint nun nicht aber der treffende Verweis auf die heilsgeschichtliche Bedeutung in Eliots' *Four Quartets* wie der Kontrapunkt des Dilemmas? Wo einmal so getan wird, als wäre alles vorüber und vergeben und vergessen, wird die Hoffnung um den Preis erkauft, dass sie endlos aufgeschoben wird, dass einmal alles gut werden wird. Eliot jedoch kontert diese Lektüre noch in seinem Gedicht. Auch er, Eliot, ein in der Lektüre erfahrener Dichter mit weiß Gott nicht schneeweißer Weste, ist sich im Klaren über die Bedeutung der Vermittlung, des am Glimmen zu haltenden Gesprächs, dass die Hoffnung auf das Verstehen aller noch so blutigen Kapriolen der Geschichte versprechen kann. Der vierte der Zyklen in den *Four Quartets* markiert nun diesbezüglich einen gravierenden Unterschied. Anstatt wie die vorangegangenen Passagen von einem Ort der Vergangenheit auszugehen und diesen zu vergegenwärtigen, geht diese geschlossene Gedichtfolge einen anderen Weg. Mit *Little Gidding* ist dieser vierte Teil überschrieben, dem Namen einer Kapelle nördlich von London, in der King Charles I. seinerzeit im englischen Bürgerkrieg Zuflucht vor Oliver Cromwells Truppen suchte. In der letzten Sektion von Eliots *Four Quartets* kommt zur Sprache, warum jetzt, 1943, in den Feuerstürmen von London, dieser Verweis auf die Kapelle *Little Gidding* geschichtlich ist, geschichtlich ohne Anführungszeichen. Wo zunächst alle Signale auf die Konstruktion einer ahistorischen Kosmologie der Harmonie in Ewigkeit gestellt scheinen, entbirgt sich das geschichtliche Moment:

Der Augenblick der Rose und der Augenblick der Eibe
Sind von gleicher Dauer. Ein Volk ohne Geschichte
Ist nicht von der Zeit erlöst, weil Geschichte ein Muster ist
Aus zeitlosen Augenblicken. Jetzt, wo es dämmert,
Im Winter, nachmittags, in der entlegenen Kapelle
Ist die Geschichte jetzt und England.[33]

Genau hier verbirgt sich die Geschichte, als Vergangenheit im Tanz mit der Gegenwart – und in dieser Windung erst vermag sich die Hoffnung auf eine Zukunft zu zeigen. *Diese* Geschichte könnte nicht anders als politisch sein: indem sie sich an alle wie an den einzelnen richtet, Möglichkeit zu Gespräch wie gleichermaßen zum Selbstgespräch bietet. Als Leser von Gedichten ließe sich an dieser Stelle zugespitzt behaupten, dass nur das Gedicht die nötige Raffinesse bietet, ein so komplexes Konzept wie Geschichte gleichzeitig in ihren drei sich aufeinander beziehenden Zeitformen der Vergangenheit, der Gegenwart und der Zukunft veranschaulichen zu können.

So einfach, so eindeutig machen es Gedichte dem Leser allerdings nur, wenn sie etwas im Schilde führen; Josef Weinheber konnte beizeiten ein Lied davon singen. Das emanzipatorische

Versprechen, aus der Geschichte als dialektischem Prinzip heraus auf die Zukunft zu schließen, kann kein Fazit sein und ist dies auch nicht in Eliots *Four Quartets*. Die Risiken und Nebenwirkungen eines sich in Sicherheit wiegenden Gelübdes werden sich immer ihren Weg bahnen. Zwei Sektionen vor der zitierten Stelle aus dem Unterzyklus *Little Gidding* findet sich ein dramaturgischer Höhepunkt der *Four Quartets*. Inmitten eines Infernos im Herzen Londons, das dantesk und aufdringlich uns vor Augen gestellt wird, trifft das Ich des Gedichts auf eine Erscheinung, einen Dichter, den Prototyp des Dichters genaugenommen. Es handelt sich um einen Wiedergänger aus dem Totenreich, noch einmal auf Erden, um seine Lektionen erneut zur Sprache kommen zu lassen. In einem langen Monolog äußert der zurückgekehrte Dichter sein Anliegen:

Da es die Sprache selbst war, die uns trieb
Den Zungenschlag des Stammes zu veredeln [...][34]

»Veredeln« lautet es in Norbert Hummelts Übertragung ins Deutsche; durchaus eine denkbare Lösung des großen Eliot-Kenners Hummelt. Im Englischen steht an derselben Stelle des Gedichts das Verb »to purify«.[35] Ungemein gespannt dürfte man sein, wie Marcel Beyer wohl dieses »to purify« ins Deutsche gebracht hätte, schimmert hier doch all jenes auf, was Geschichte von »Geschichte« in Anführungszeichen, was Politik von »Geschichte« in Anführungszeichen sondert.

Allzu leicht lässt sich behaupten, dass es gerade die Politik sei, die die Literatur infiltriere und ihre Reinheit verseuche, gar minderwertige und verlogene Literatur provoziere. Eine Lektüre allerdings bringt uns dahin, dass die Sprache – durch welche die

Literatur wirkt – von jeher alles andere als rein gewesen ist. Die Sprache rein zu halten, diese Fantasie liest man bei Josef Weinheber, nein, genauer: das lässt sich in Marcel Beyers Lektüre Weinhebers nachlesen. In diesem Sinne ist die Sprache in den Gedichten Marcel Beyers – wie auch in den Gedichten, von denen er achtungsvoll spricht – niemals rein. Im Gegenteil, vielleicht ist die Formel, die verständlich machen kann, das Auschwitz für das Gedicht nach Auschwitz nicht bloß ein Thema, ein Sujet sein kann,[36] Marcel Beyers vehementer Einspruch: »Nie wieder Sauberes, bitte, nie wieder Reines.«[37] Die Gedichte Beyers kennzeichnen die Bereinigung der Sprache als Auftakt der Katastrophe, einer Katastrophe, die im Schweigen, tatsächlich auch im sogenannten Schweigen des Gedichtes, enden könnte.

In Beyers Texten ist lesbar, welche große Gefahr bereits Zweideutigkeit als zu enger Zuschnitt verkörpert. Der Lektüre seiner Gedichte und Romane erwächst das Misstrauen gegenüber eindeutigem Wissen; es wächst aus dem Verstehen der Konstellation dieser Texte der gerechte Vorbehalt gegenüber der Selbstgewissheit von Wissen sowie die leidenschaftliche Gegnerschaft wider die Alibiarmut eines jeden Skeptizismus.

Das Werk Marcel Beyers fußt auf einer höchst produktiven, zirkulären Einsicht: Entgegengehalten wird dem Vertrauen auf eine reinigende Poetik des Wissens der schaurige Maskenball der Rhetoriken der Meinung. Letzteren sieht man zu, wie sie rechtschaffen, verschlagen, persuasiv oder schändlich alle um ihr Stück von der Sprache buhlen. Sie wünschen sich nichts, als diese vollends unter ihr Diktum zu stellen, sie zu beherrschen, sie, die Sprache, die jene immer wieder demaskiert. Wie in einer Versuchsanordnung prallen Ideologie und Dichtermut, Angst und Liebe aufeinander, so wie auch der Dialekt der bereinigten

Sprache gegenübertritt. Die Konfrontationen werden dadurch hörbar, sichtbar.[38] Im ununterbrochenen Szenenapplaus, der die Geschichte begleitet, wird es im Gedicht auf einmal möglich, das Klatschen einzelner Hände herauszuhören, an der Ausführung dieser im Kern uneindeutigen Geste den individuellen Klang von Trauer, Beileid und Euphorie abzuhorchen. Das Gedicht ist nicht nur der Ort, der tatsächlich den drei Formen der Zeit in ihrer zu studierenden Wechselwirkung einen Raum bietet, das Gedicht bietet geradezu die Chance, unter den tosenden Beifallsstürmen die einzelne Stimme zu vernehmen, die um der Individualität willen niemals ganz im Chor der vielen Stimmen auf- oder schlimmer noch untergehen darf.

Tritt nun ein weiterer Josef auf, nehmen wir wieder den Stalin aus jener Gedichtfolge mit dem Titel *Bienenwinter*, die uns all dies zeigen kann, so wird in Sprache ausgetragen, was Geschichte, was Politik, was »Geschichte« in Anführungszeichen, was also die eminent wichtigen Differenzierungen inmitten dieser Kraftfelder ausmacht. Es kommt zur Sprache, was die Sprache sich alles erlaubt. Verstehen heißt eben auch, dass eine Erfahrung übersetzt wird, dass sie zugänglich gemacht wird. In Thomas Klings Gedichtfolge *Der erste Weltkrieg* wird eine spätsommerliche Szenerie geschildert: Eine Wespe, »unter aufbietung der / ganzen kraft«, nimmt immer wieder Anlauf, durch das dicke, schützende Glas einer Armbanduhr zu dringen. Und immer wieder findet sie keinen Eingang in die Maschinerie des Chronometers. Die Abläufe der Zeit, die sie bald dahinraffen wird, bleiben ein Geheimnis, die Wespe ist ohne Geschichte, denn, so könnte eine Lektüre dieses Gedichts ausfallen: »die wespe achtet nicht des worts.«[39] *Bienenwinter* schließt anders, nicht einfach versöhnlich, sondern bitter, also nicht ohne Hoffnung:

unter dem Sitz, im
Kühlergrill, unter der
Motorhaube werde ich eine

tote Biene finden, wenn
ich den Wagen auskehre,
wenn ich den Boden sauge,
bald, im nächsten Jahr.[40]

Etwas ist hier nicht verloren, geht nicht verloren, gewährt den Aufschub – es ist die Sprache.

Was aber ist zu tun, wenn unser herkömmliches Verständnis von der Sprache uns über diese vielleicht ebenso wenig zu berichten weiß, wie ein Blick auf die Uhr das Rätsel der Zeit verstehend durchdringen mag?[41] Dann gilt es, so heißt es bei Marcel Beyer, hinabzusteigen in die Sprache, dorthin, wo das Wort vom Grund nicht einfach existiert. Für solche Expeditionen braucht es einen erfahrenen Begleiter.

---

[1] Der folgende Text stellt die überarbeitete Version der Einführung dar, die am 27. Oktober 2015 an der Universität zu Köln vor der in diesem Band abgedruckten Rede Marcel Beyers gehalten wurde. Danken möchte ich ganz herzlich Prof. Christof Hamann und dem Institut für Deutsche Sprache und Literatur I für die Einladung sowie Lena Hintze für ihre wertvollen Anmerkungen, Dr. Metin Genç und Christoph Cox für weitere wichtige Hinweise.

[2] Marcel Beyer: Erdkunde. Köln: DuMont 2002, S. 101-112.

[3] Vgl. Ulrich Schmid: Technologien der Seele. Vom Verfertigen der Wahrheit in der russischen Gegenwartskultur. Berlin: Suhrkamp 2015, S. 9f.

[4] Frank Westermann: Ingenieure der Seele. Schriftsteller unter Stalin – Eine Erkundungsreise. Berlin: Ch. Links Verlag 2003, S. 40.

[5] Marcel Beyer: Erdkunde, S. 102.

[6] Ebd.

7 Vgl. Jacques Rancière: Die stumme Sprache. Essay über die Widersprüche der Literatur. Zürich: diaphanes 2010, S. 99f.

8 Vgl. Jacques Rancière: Die Methode der Gleichheit. Wien: Passagen Verlag 2014, S. 108.

9 Frank Westermann: Ingenieure der Seele, S. 35.

10 Vgl. Wolfgang Isers gleichnamigen Aufsatz in Rainer Warning (Hg.): Rezeptionsästhetik. Theorie und Praxis. München: W. Fink 1988, S. 228–252.

11 Vgl. ebd., S. 230.

12 Marcel Beyer: Sie nannten es Sprache. Berlin: Brueterich Press 2016, S. 113.

13 Marcel Beyer: Sie nannten es Sprache, S. 112.

14 Wenn man Verstehen so zu verstehen gewillt ist, wie Manfred Frank Friedrich Schleiermacher versteht, nämlich derart, wie Walter Benjamin Friedrich Schlegel verstehen möchte. Vgl. Manfred Franks Vorwort in Friedrich Schleiermacher: Hermeneutik und Kritik. Herausgegeben und eingeleitet von Manfred Frank. Frankfurt a/M: Suhrkamp 1977, S. 55ff.: »Die Sprecher und die Autoren sind weder blinder noch sehender als die Chronisten und Interpreten ihrer Äußerungen. Was sich steigern läßt, ist die Fülle von deren Sinn – und zwar reflektierend in Richtung sowohl auf die geschichtliche Herkunft der Bedeutungen wie auf die Zukunft ihrer Auseinandersetzung mit fremden Sinnhorizonten. Nur der letzteren Richtung steht Steigerung in Aussicht, aber gewiß ebensosehr die Möglichkeit von Verlust: sie bezeichnet eine gleich ursprüngliche Erfahrung unseres In-Geschichte-Seins.« (ebd., S. 56f.)

15 Marcel Beyer: Das Menschenfleisch. Frankfurt a/M: Suhrkamp 1991, S. 160–162.

16 Marcel Beyer: Nonfiction. Köln: DuMont 2003.

17 Vgl. Peter Szondi: Schriften. Band I. Berlin: Suhrkamp 2011, S. 261–286.

18 Peter Szondi: Schriften. Band II. Berlin: Suhrkamp 2011, S. 375.

19 Vgl. Szondi: Schriften. Band II, S. 362.

20 Peter Szondi: Schriften. Band II, S. 389.

21 Vgl. Marcel Beyer: Erdkunde, S. 26.

22 Vgl. z. B. Hannelore Mundt: Excursions into German history and poetic voices: Marcel Beyer's Falsches Futter, in: The German quarterly 84 (2011) H. 3, S. 344–364.

23 Marcel Beyer: Falsches Futter. Frankfurt a/M: Suhrkamp 1997, S. 12.

24 Marcel Beyer: Sie nannten es Sprache, S. 77.

25 Vgl. Jacques Rancière: Der unwissende Lehrmeister. Wien: Passagen Verlag 2009, S. 88: »Der Künstler braucht die Gleichheit, wie der Erklärende die Ungleichheit braucht. Und er zeichnet so ein Modell einer vernünftigen Gesellschaft, wo selbst das, was außerhalb der Vernunft ist – die Materie, die Zeichen der Sprache – von einem vernünftigen Willen erfüllt wird: zu erzählen und den anderen mitfühlbar zu machen, worin man ihnen ähnlich ist.«

26 Vgl. Jacques Rancière: Die Methode der Gleichheit, S. 124f.

27 Jacques Rancière: Die Politik der Literatur. Wien: Passagen Verlag 2011, S. 17f. – Vgl. zum Begriff der Politik bei Rancière vgl. exemplarisch Jacques Rancière: Das Unvernehmen. Politik und Philosophie. Frankfurt a/M: Suhrkamp 2002, S. 14–32.

28 Vgl. Jan-Werner Müller: Was ist Populismus? Ein Essay. Berlin: Suhrkamp 2016.

29 Vgl. Marcel Beyer: Dankesrede zur Entgegennahme des Bremer Literaturpreises 2015 (URL: http://bremer-rat-fuer-integration.de/aktuell/data/LitPreis_2015_MARCEL_BEYER_Dankrede.pdf; zuletzt eingesehen am 27.5.2016).

30 Vgl. Marcel Beyer: Nonfiction, S. 134ff.

31 Norbert Hummelt: Nachwort. In: T. S. Eliot: Vier Quartette. Englisch und deutsch. Übertragen und mit einem Nachwort versehen von Norbert Hummelt. Berlin: Suhrkamp 2015, S. 88.

32 Peter Szondi: Schriften. Band I, S. 286.

33 T. S. Eliot: Vier Quartette, S. 81.

34 Ebd., S. 73.

35 Ebd., S. 72.

36 Vgl. Peter Szondis seinerzeit von der FAZ entschärft abgedruckte Replik auf eine Rezension von Paul Celans **Die Niemandsrose** durch den Lyriker, Kritiker und vormaligen SS-Mann Hans Egon Holthusen in Peter Szondi: Briefe. Herausgegeben von Christoph König und Thomas Sparr. Frankfurt a/M: Suhrkamp 1993, S. 162–168. Holthusen hatte in seiner Besprechung den Ausdruck »Mühlen des Todes« als »Vorliebe für die ›surrealistische‹, in X-Beliebigkeiten schwelgende Genetivmetapher« (zitiert nach Szondi, Briefe, S. 162) abgetan. Szondi belegte daraufhin, dass der von Celan wiedergegebene Ausdruck ein gängiger Terminus der Verantwortlichen für die Vernichtungsmaschinerie in Auschwitz gewesen ist. In seiner Verteidigung in eigener Sache wird Holthusen schreiben: »Das Gedicht [**Spät und Tief,** Anm. M.M.] hat, wenn ich Augen im Kopf habe, mit dem Thema Auschwitz und Nazigreuel überhaupt nichts zu tun.« (zitiert n. Szondi: Briefe, S. 164.) Handschriftlich vermerkt Szondi in seiner Kopie von Holthusens Artikel, der ihm ausschnittweise vor der Drucklegung zuging, hinter dem Wort »Thema« die eminent wichtige Einsicht: »Für Celan war Auschwitz kein Thema.« (Szondi: Briefe, S. 165.)

37 Marcel Beyer: Sie nannten es Sprache, S. 81.

38 Vgl. Jacques Rancière: Das Unvernehmen, S. 37f.

39 Thomas Kling: Gesammelte Gedichte. 1981–2005. Herausgegeben von Marcel Beyer und Christian Döring. Köln: DuMont 2006, S. 618f.

40 Marcel Beyer: Erdkunde, S. 112.

41 Vgl. Gerhard Falkner: Vom Unwert des Gedichts. Fragmente und Reflexionen. Berlin u. Weimar: Aufbau-Verlag 1993, S. 9.

ZU DEN BEITRÄGERINNEN UND BEITRÄGERN

MARCEL BEYER, geboren in Tailfingen (Württemberg), studierte in Siegen Germanistik, Anglistik und Allgemeine Literaturwissenschaft, seinen Wohnsitz aber hatte er hauptsächlich in Köln. 1996 zog er nach Dresden, wo er seitdem lebt und arbeitet. Seine Magisterarbeit schrieb er 1992 bei Karl Riha über Friederike Mayröcker, deren Lyrik, wie auch in seinem TransLit-Vortrag zum Ausdruck kommt, sehr wichtig für ihn ist. In den Jahren, in denen Marcel Beyer in Köln lebte, arbeitete er u. a. für die Musikzeitschrift **Spex**. Noch vor Antritt des Studiums lernte Marcel Beyer 1986 bei einem Autorentreffen für junge Schriftsteller Norbert Hummelt kennen, mit dem er in den kommenden Jahren eng zusammenarbeitete. Ihre Überlegungen kreisten von Anfang an um die Vielstimmigkeit des literarischen Textes, aber auch, womit wieder einmal das Transmediale aufgerufen ist, um den Aufführungscharakter von Literatur. Marcel Beyer schreibt Lyrik – zuletzt erschien **Graphit** (2014) – und Prosatexte; vier Romane hat er bislang publiziert, **Das Menschenfleisch** (1991), **Flughunde** (1995), **Spione** (2000) und **Kaltenburg** (2008), außerdem den Prosaband **Putin Briefkasten** (2012). Weiterhin hat er zahlreiche Essays und Poetikvorlesungen geschrieben. Zuletzt ist von ihm, im Verlag BRUETERICH PRESS des Lyrikers Ulf Stolterfoth, **Sie nannten es Sprache** erschienen, eine Sammlung mit Texten über Schriftstellerkolleginnen und -kollegen (Jürgen Becker, Elke Erb, Thomas Kling und Friederike Mayröcker) sowie poetologischen Beiträge. Hervorgehoben werden muss die eindringliche Rede zur Verleihung des Oskar Pastior-Preises am 14. September 2014 in Berlin. Diesen erhielt er, so das Urteil der Jury, weil sich sein Werk, »durch eine intensive Beobachtung des sprachlichen Materials auszeichnet, die durch die harten Themen hindurch in offenes poetisches Gelände führt.« Im selben Jahr wurde Marcel Beyer auch der Heinrich-von-Kleist-Preis (2014) verliehen, mit dem risikofreudige Schriftsteller gewürdigt werden, die wie Kleist als Vordenker für die Zukunft gelten können. Zu seinen weiteren Preisen, von denen hier nur eine kleine Auswahl genannt sei, gehören der Uwe-Johnson-Preis (1997), der Heinrich-Böll-Preis (2001), der Joseph-Breitbach-Preis (2008) und der Düsseldorfer Literaturpreis (2016). Last but not least erhält Marcel Beyer im November 2016 den Georg-Büchner-Preis. »Ob Gedicht oder Roman, zeitdiagnostischer Essay oder Opernlibretto, für Marcel Beyer ist Sprache immer auch Erkundung«, heißt es in der Begründung der Jury. Seine Texte seien »kühn und zart, erkenntnisreich und unbestechlich«.

STEFAN BÖRNCHEN, Wissenschaftlicher Assistent an der Universität zu Köln. Derzeitige Forschungsschwerpunkte: Literatur des 18. bis 21. Jahrhunderts, insbesondere Thomas Mann, Zeichen- und Medientheorie sowie Metaphorologie, Musik und Literatur, grafische Literatur (Comics), Psychoanalyse und Gender Studies.

IRIS DRÖGEKAMP, geboren in Hagen/Westfalen, studierte in Freiburg und Hamburg Germanistik, Philosophie und Geschichte bevor sie Hörspiel-Regisseurin wurde. Seit 2007 Lehraufträge/Workshops für Hörspiel, Digitalmedien und Klang, u. a. an der HfG Karlsruhe, der Hochschule für Musik und Darstellende Kunst Stuttgart, Muthesius Kunsthochschule Kiel, Universität zu Köln. Ihre Arbeiten wurden mehrfach ausgezeichnet: Deutscher Hörbuchpreis 2006, RIAS-Radiopreis 2008, Europäischer CIVIS Radiopreis und Deutsch-französischer Journalistenpreis 2012. 2010 und 2013 erhielt sie gemeinsam mit Oswald Egger für die Stücke **Ohne Ort und Jahr** und **Linz und Lunz** den Karl-Sczuka-Preis für avancierte Werke der Radiokunst. Zu ihren Inszenierungen zählen u.a.: Marcel Beyer **Flughunde, Birding Babylon,** Friederike Roth **Abendlandnovelle,** Robert Musil **Die Verwirrungen des Zöglings Törleß,** Fred Breinersdorfer **Elser,** Wolfgang Herrndorf **Tschick,** Martin Heckmans **Kommt ein Mann zur Welt.** Sie realisiert Hörspiele, Feature und Installationen mit Komponisten und Musikern wie Andreas Bick, Martin Bezzola, Henrik von Holtum, Michael Riessler, Harald Sack Ziegler, den Maulwerkern und dem Kammerflimmer Kollektief. Zusammen mit Thomas Weber entstanden die Hörspiele von Dietmar Dath **Larissa, Die Magnetin,** Unica Zürn **Das Haus der Krankheiten** und Rainer Maria Rilke **Malte Laurids Brigge.** Ausstellungen und Performances: 2012 Klangkollektiv Alter Fritz **Das Gespenst** ARD Hörspieltage Karlsruhe, Musashino Art University Tokio, gift_lab Tokio. 2013 Verliefde Zeemannen & Lachende Kunstenaars: Museumshafen Rotterdam, 2014 Affair de Coeur: Galerie der HBKsaar Saarbrücken, Inselfestival Hombroich, Cosmosmose Performancepoesie und Verbophonie Köln, 2015 Stipendiatin des Goethe-Institutes in Kyoto, Villa Kamogawa, Japan.

TORSTEN HAHN, Professor für Literaturwissenschaft an der Universität zu Köln. Derzeitige Forschungsschwerpunkte: Das Politische der Literatur: Herrschaftsfiktionen von der Souveränitätsmacht zur Kontrollgesellschaft, Verschwörungsfiktionen, Programme und Codierungen der Literatur/Kunst, Systembeobachtungen der Literatur, Medienästhetik.

CHRISTOF HAMANN, Professor für Literaturwissenschaft an der Universität zu Köln. Derzeitige Forschungsschwerpunkte: Interferenzen zwischen Literaturdidaktik, -wissenschaft und -theorie; Konzepte nicht-kreativen Schreibens; literarische Konstruktionen von Kriminalität; literarische Migrations- und Übersetzungsphänomene.

ANJA LEMKE, Professorin für Literaturwissenschaft an der Universität zu Köln. Derzeitige Forschungsschwerpunkte: Ästhetische Figurationen des Möglichen, ästhetische Bildungs- und Erziehungskonzepte, Literatur und Ökonomie.

CLAUDIA LIEBRAND, Professorin für Literaturwissenschaft an der Universität zu Köln. Derzeitige Forschungsschwerpunkte: E.T.A. Hoffmann, Annette von Droste-Hülshoff, Gattungstheorie, Film und Gender.

ULLI LUST wurde als Ulli Schneider in Wien geboren und studierte nach einer dort begonnen Lehre als Modezeichnerin an der Kunsthochschule Weißensee in Berlin Grafikdesign. Sie hat Kinderbücher illustriert und publiziert, seit 1998 unter dem Namen Ulli Lust, Comics. Sie ist Gründungsmitglied der Comiczeichnerinnen-Gruppe »Monogatari« (japanisch für »erzählte Geschichte«) und betreibt den Online-Comic Verlag »Electrocomics.de«. Ulli Lust hatte zahlreiche Artist-in-residence-Gastaufenthalte und Dozenturen inne, unter anderem an der Universität der Künste Berlin, und lehrt jetzt als Professorin für illustrative Gestaltung und Comic an der Hochschule Hannover. Ulli Lust hat eine Vielzahl von Preisen und Auszeichnungen erhalten, darunter 2014 der Outstanding Artist Award in Österreich, der Max-und-Moritz-Preis für den besten deutschen Zeichner, der Los Angeles Times Book Award Best Graphic Novel 2014, der Ignatz Award Best Graphic Novel 2013 und 2011 vielleicht der wichtigste Preis, der Prix de Revelation des Comicfestivals Angoulême für **Trop n'est pas assez**, die französische Übersetzung von Ulli Lusts erstem autobiografischem Comicroman **Heute ist der letzte Tag vom Rest deines Lebens**, der 2009 erschien. 2013 folgte die Graphic Novel **Flughunde**. Zu erwähnen sind außerdem Ulli Lusts Comic-Reportagen, wie sie der Band **Fashionvictims – Trendverächter. Bildkolumnen und Minireportagen aus Berlin** versammelt sowie die Serie von erotischen Spring-Poems, zu denen etwa der Titel **Air Pussy** gehört, über den es auf »Electrocomics.com« heißt: »A godess of spring is tiptoing or rather floating through a soft porn scenario.« **Heute ist der letzte Tag vom Rest deines Lebens** ist ins Französische, Englische beziehungsweise Amerikanische, Spanische, Schwedische, Norwegische, Finnische, Italienische, Kroatische, Niederländische und Portugiesische übersetzt. Ulli Lust lebt in Berlin.

MAXIMILIAN MENGERINGHAUS, Volontär in der Presseabteilung des Suhrkamp Verlags. Studium der Germanistik und Philosophie an der Universität zu Köln. Derzeitige Forschungsschwerpunkte: Lyrik und Lyriktheorie, Ästhetik (und Politik).

ENNO POPPE, geboren in Hemer (Sauerland), studierte Dirigieren und Komposition an der Hochschule der Künste Berlin, u. a. bei Friedrich Goldmann und Gösta Neuwirth. Es folgten weiterführende Studien im Bereich Klangsynthese und algorithmische Komposition an der TU Berlin und am ZKM Karlsruhe. Seit 1998 ist er Dirigent des »ensemble mosaik«, zudem dirigiert er regelmäßig das »Klangforum Wien«, das Ensemble »musikFabrik« und das Ensemble »Resonanz«. Nach einer Lehrtätigkeit an der Hochschule für Musik »Hanns Eisler« in Berlin (2002–2004) unterrichtete Enno Poppe zwischen 2004 und 2010 mehrfach bei den Darmstädter Ferienkursen für Neue Musik und den Kompositionsseminaren der Impuls Akademie in Graz. Kompositionsaufträge erhielt Enno Poppe u. a. von den Salzburger Festspielen, den Berliner Festwochen, den Donaueschinger Musiktagen, dem Musée du Louvre, den Wittener Tagen für Neue Kammermusik. Zu den Interpreten seiner Werke zählen Dirigenten wie z. B. Pierre Boulez, Susanna Mälkki und Peter Rundel sowie Orchester wie z. B. das SWR Sinfonieorchester Baden-Baden und Freiburg, das Los Angeles Philharmonic Orchestra, das Symphonieorchester des Bayerischen Rundfunks und das BBC Scottish Symphony Orchestra. Zu den Ensembles, die Enno Poppes Musik regelmäßig aufführen, gehören, um auch hier nur eine kleine Auswahl zu nennen, das Ensemble Intercontemporain, das Ensemble Modern, London Sinfonietta, das Ensemble Resonanz und die Neuen Vokalsolisten Stuttgart. Zu den Preisen, die Enno Poppe erhielt, gehören der Boris-Blacher-Preis (1998), der Kompositionspreis der Stadt Stuttgart für **Knochen** (2001), der Busoni-Preis der Berliner Akademie der Künste (2002), der Förderpreis der Ernst-von-Siemens-Musikstiftung (2004), der Schneider-Schott-Musikpreis (2005), der HappyNewEars Komponistenpreis der Hans und Gertrud Zender-Stiftung (2011) sowie der Hans-Werner-Henze-Preis (2013). Seit 2008 ist er Mitglied der Akademie der Künste (Berlin), seit 2009 Mitglied der Nordrhein-Westfälischen Akademie der Wissenschaften und der Künste und seit 2010 Mitglied der Bayerischen Akademie der Schönen Künste in München.

IMPRESSUM

© 2016 Universität zu Köln: Institut für Deutsche Sprache und Literatur I, die Autoren und die Fotografen

Herausgeber Torsten Hahn und Christof Hamann

Fotografie Anahita Babakhani, Christopher Quadt, Ronja Rosenow

Lektorat der Gespräche Melanie Heusel, Freiburg im Breisgau

Gesamtgestaltung Affairen-Gestaltung.de, Köln

Druck Das Druckhaus, Korschenbroich;

Papier Lessebo Design Smooth

Verlag der Buchhandlung Klaus Bittner, Köln

Printed in Germany

ISBN 978-3-926397-28-7

Universität zu Köln
Philosophische Fakultät
Institut für deutsche Sprache
und Literatur I

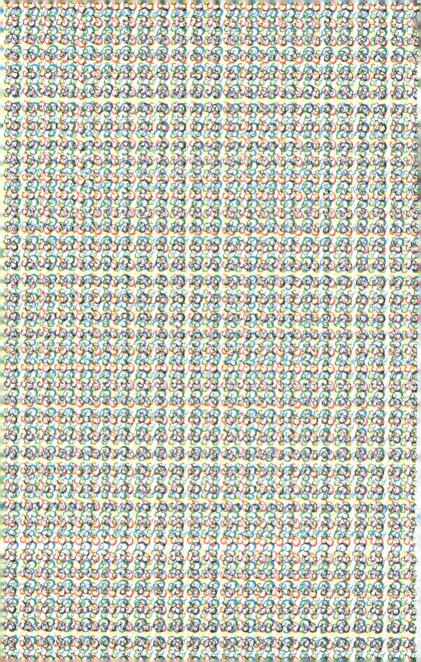